노래와 함께하는

조음기관 운동 프로그램

| 김효정 · 김문정 · 한지연 · 신명선 공저 |

Oral-Motor Exercises Program with Song & Play

학지사

머리말

조음기관은 혀, 치아, 입술, 턱, 연구개, 경구개 등으로 구성되어 있으며, 이 조음기관 중 하나라도 제 역할을 하지 못하면 발음에 오류가 나타날 수 있다. 최근 들어 조음장애 아동뿐만 아니라 일반아동의 명료도 향상을 위해서도 조음기관 훈련을 강조하고 있다. 이 훈련 과정에서는 입술, 혀, 턱의 마사지와 운동 등이 음소를 어떻게 개선시키는지 고려해야 한다. 또한 조음기관 훈련은 단시간에 개선을 가져오는 것이 아니므로 아동이 조음기관 훈련에 적극적으로 참여할 수 있도록 동기를 유발하는 것이 매우 중요하다.

저자들은 이 책의 내용을 한국어 자모음 체계에 맞는 조음기관 훈련, 재미있는 훈련 방법, 언어치료사나 부모가 쉽게 훈련할 수 있는 도구로 구성하고자 노력하였다. 이 책의 활용 장점을 살펴보면 다음과 같다.

먼저 이 책은 마비나 근육약화, 구개열 등의 기질적 조음장애 아동뿐 아니라 기능적 조음장애 아동에게도 적합하다. 또한 이 책에 포함된 조음기관 훈련 프로그램을 모든 대상자에게 순서대로 진행할 필요는 없다. 필요한 조음기관 훈련을 찾아서 해당하는 훈련만 진행해도 좋다. 자칫 단순하고 지루할 수 있는 조음기관 훈련을 재미있게 하기 위하여 노래나 다양한 조음 훈련 활동이 포함되어 있다.

각 조음기관에 따라 여러 가지 훈련 도구를 사용하지만, 누구나 일상생활에서 구하기 쉬운 도구로 구성하였다. 또한 도구에 대한 설명을 덧붙여서 해당 도구가 없다면 같은 기능을 가진 다른 도구로 대체할 수 있게 하였다. 단, 도구의 사용이 어린 아동에게는 안전사고를 유발할 수 있으므로 부모나 치료사 등 성인이 사용할 것을 권한다.

각 훈련 방법에 대하여 삽화를 제공하였다. 구강 내의 어떤 위치나 동작을 글로 설명하여 전달하면 그 의미가 충분히 전달되지 못하는 경우가 있다. 이 책은 치료 과정에서 필요할 때마다 빠르게 읽고 파악할 수 있도록 거의 모든 활동 과정에 그림을 제시하였다.

각 장은 노래로 시작하여 노래로 마무리하고 있다. 이 프로그램을 활용하는 치료사들도 치료 활동의 시작과 끝을 노래와 조음동작으로 마무리하기를 권고한다. 또 각 장은 조음기관 인식, 조음기관 훈련, 음소 훈련으로 이루어졌다. 조음기관 인식 단계는 훈련하고자 하는 조음기관의 위치가 어디인지, 현재는 어떤 상태인지, 목표로 하는 위치는 어디인지를 인식하게 하는 활동으로 구성되어 있다. 조음기관 훈련 단계는 인식된 각 조음기관을 조음동작에 맞게 움직이도록 하는 활동으로 이루어졌다. 마지막으로 음소 훈련 단계는 조음기관 훈련이 정확하고 명료한 조음으로 이어지도록 음소 훈련 활동으로 구성하였다. 이 책은 조음기관 훈련을 목표로 하였으므로 구문, 대화 수준에서의 조음 훈련은 다루지 않았다.

5년 이상의 준비 끝에 출판하게 된 이 책은 공동집필한 저자들뿐 아니라 여러 전문가와 학생들의 조언과 도움이 있었으며, 우리는 그분들의 아낌없는 조언에 감사드린다. 이 책의 각 내용에 삽화를 그려 주신 박은애 선생님과 체계적인 책이 되도록 도움을 주신 학지사 허소라 선생님께도 감사의 인사를 드린다. 마지막으로 이 책이 조음장애를 치료하는 언어재활사와 조음장애 아동 부모에게 작게나마 도움이 되기를 바란다.

저자 일동

차 례

Program 01

조음기관 인식

1. 바른 자세
2. 턱
3. 입술
4. 혀
5. 마무리

노래와 함께 즐겁게
턱, 입술, 혀의 움직임을 연습해요!

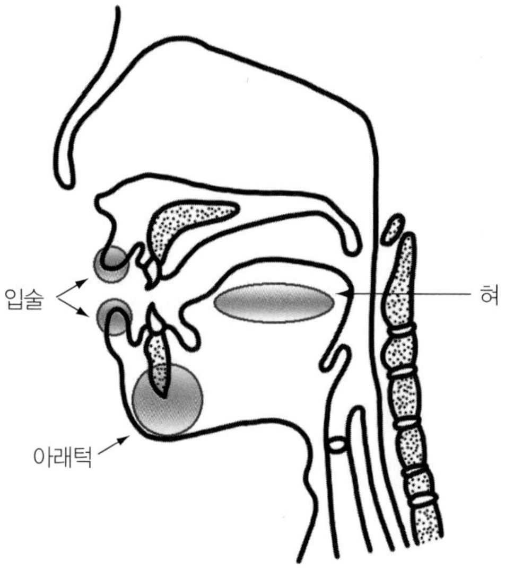

조음기관은 발음할 때 사용하는 기관으로 턱, 입술, 혀, 구개, 치아, 성문 등이 있습니다.

폐에서 나온 기류가 성문을 통과하면서 성대가 진동을 하지만 성대 자체에서 말소리가 만들어지는 것은 아니다. 소리는 구개, 치조, 치아, 입술을 지나면서 혀와 연구개의 위치, 턱의 움직임, 조음기관의 좁힘점, 기류의 압력 등에 따라 다양하게 만들어진다. 즉, 조음이란 조음기관을 통하여 말소리를 생성하는 과정이다. 발음할 수 있게 하는 혀, 입술, 치아, 턱 등 조음기관의 구조적 이상이나 기능적 이상으로 인해 말소리에 오류가 생길 수 있다. 구조적인 원인에는 설소대 단축증, 부정교합, 구개열 등이 있다. 그러나 구조적인 문제가 없어도 음소 습득이 늦거나 음운체계에 대한 인식이 부족해 잘못된 발음을 하기도 한다. 무엇보다 조음기관을 바르게 사용하는 것이 정확한 발음을 내는 데 중요한 역할을 한다.

잘못된 발음 습관은 일상생활에서 의사소통의 불편뿐만 아니라 상대방에게 좋지 않은 인상을 주기도 한다. 또한 또래의 놀림이나 상호작용의 어려움으로 자존감이나 자아효능감이 낮아서 사회적 부적응을 초래할 수도 있다.

윗턱은 수동적 조음기관이나 아래턱은 능동적 조음기관에 속한다. 아래턱을 올리거나 내려서 구강의 개방 정도, 즉 개구도를 결정한다. 구강의 개폐에 따라 고모음, 중모음, 저모음의 산출이 구분되므로 모음의 고저를 산출할 때 턱은 중요한 역할을 한다. 또 턱의 운동은 구강기류가 지나는 통로를 막거나 좁혀서 발음하는 자음의 산출에도 간접적인 영향을 준다.

입술은 대기와 구강을 연결시키는 통로가 된다. 입술의 유연성과 운동성으로 적절한 조음이 이루어진다. 입술 근육은 입술을 열거나 닫고, 입술을 양쪽으로 당기거나 오므리면서 자음이나 모음의 조음을 돕는다. 입술은 모든 모음을 발음할 때 기능을 하고, 그중에서도 특히 양순음이나 원순모음을 발음할 때 중요한 역할을 한다.

혀는 구강의 크기와 모양의 변화에 가장 크게 기여한다. 주로 혀의 앞쪽 2/3 부분이 조음자로서 조음활동에 매우 중요한 기능을 한다. 혀가 입 밖으로 나올 정도로 구강의 앞쪽으로 움직일 수 있고, 구강 뒤쪽의 인두벽까지 움직일 수도 있다. 또한 구강의 천장에 닿도록 올릴 수 있고, 아래 치아의 밑으로 구강의 바닥까지 내릴 수도 있다. 혀는 모든 모음을 발음할 때, 그리고 특히 치조음, 경구개음, 연구개음을 발음할 때 매우 중요한 역할을 한다.

구개는 윗니 바로 뒤로 둥근 천장으로 된 구조로 뼈와 점막으로 구성된다. 연구개는 경구개에 연속되며 근육으로 구성되어 있다. 연구개의 뒷부분이 움직여서 구강과 비강사이의 통로인 연인두를 열고 닫는다. 코로 숨을 쉬는 동안 연구개는 내려가서 비강통로가 개방되고, 음식물을 삼키는 동안은 연구개가 올라가서 비강통로를 막는다. 국어에서는 세 개의 비음 /ㅁ/, /ㄴ/, /ㅇ/을 제외한 모든 소리의 산출을 위하여 연구개는 인두벽과 접촉하기 위하여 위쪽으로 올라간다. 반대로 비음을 산출하는 동안 연구개는 내려간다. 이렇듯 연구개는 호흡, 삼킴, 조음에 중요한 역할을 한다.

구강조음기관에 구조적 이상이 없는 경우 잘못된 발음의 가장 큰 원인은 조음기관을 제대로 사용하지 못하는 잘못된 습관이다. 이 프로그램은 노래나 활동을 통하여 조음기관의 위치와 기능을 인식하게 하고 조음기관의 바른 동작을 꾸준하게 훈련하게 함으로써 자연스럽고 정확한 조음의 확립을 기대할 수 있다.

목표

- 말하기의 바른 자세를 연습한다.
- 턱, 입술, 혀를 지각한다.
- 턱, 입술, 혀의 움직임을 연습한다.

활동

1. 바른 자세
   - 바른 자세 노래

2. 턱
   - 턱 노래

3. 입술
   - 입술 노래

4. 혀
   - 혀 노래

5. 마무리
   - 칭찬 노래

유의사항

- 아동이 의자에 앉을 때 발은 바닥에 등은 의자 등받이에 닿도록 한다.
- 아동의 머리는 정면을 향하도록 한다.

1. 바른 자세

♫ 바른 자세 노래

목표
- 조음기관 훈련을 시작하기 전 노래를 통해 준비를 한다.
- 노래와 율동을 통하여 발성을 위한 바른 자세를 익힌다.

■ '바른 자세 노래'를 함께 부르며 자세를 바르게 한다.

바른 자세 노래

원곡: 비행기

■ 발, 발목, 무릎, 등, 머리가 바른 위치에 있는지 확인한다.

임상노트

- 조음기관 훈련 중 아동의 자세가 습관적으로 흐트러지는 경우, 이 활동을 통해 바른 자세를 유도할 수 있다.
- 노래만으로 바른 자세를 만들거나 유지하지 못하는 경우, 바른 자세를 유도할 수 있는 시각적 자료(예, 발바닥 모양, 머리 모양 등 표시)를 이용한다.
- 스스로 자세를 유지하기 어려운 아동의 경우, 신체적 보조도구(지지대 등)를 이용한다.

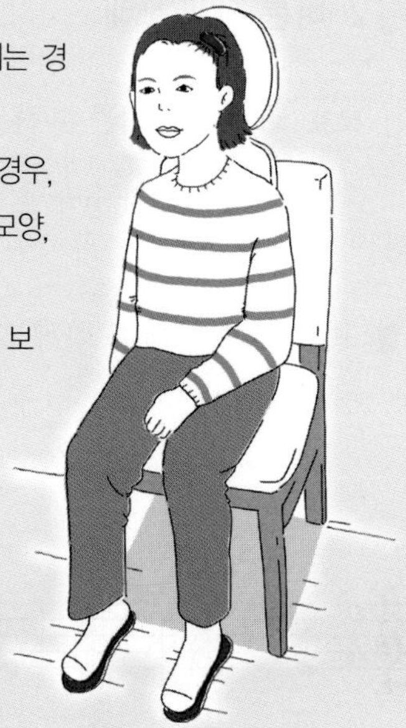

2. 턱

♫ 턱 노래

목표 ● 노래와 율동을 통하여 턱을 인식한다.

준비물 ● 스티커, 손인형

■ '턱 노래' 를 부른다.

턱 노래

원곡: 거미가 줄을 타고

■ '턱 노래'에 다음의 네 동작을 연결시킨다.

양쪽 손가락을 아래턱 가운데에 대기

손가락을 턱에 둔 채 턱 내리기

양쪽 손가락을 턱 가운데에서 양옆으로
두드리며 올리기

손가락을 턱 양옆에 둔 채 턱 내리기

임상노트

- 아동이 활동을 바르게 수행하지 못할 경우, 치료사가 신체적 촉구를 한다.
- 턱 내리기와 턱 올리기에 대한 시각적 단서를 그림과 같이 활용할 수 있다.

턱내리기에 대한 시각적 단서

턱올리기에 대한 시각적 단서

◆ 응용활동

- 손가락 율동과 함께 턱의 각 지점에 스티커 등을 붙여 턱의 움직임에 대한 인식을 높인다.
- 손인형을 모델로 제시하여 턱의 움직임과 구강 개방을 인식시킨다.

3. 입술

♫ 입술 노래

목표	● 노래와 율동을 통하여 입술을 인식한다.
준비물	● 스티커, 손인형

■ '입술 노래'를 부른다.

입술 노래

원곡: 비행기

■ '입술 노래' 에 다음의 두 동작을 노래에 연결시킨다.

양쪽 손가락으로 아랫입술 두드리기

양쪽 손가락으로 윗입술 두드리기

임상노트

- 아동이 활동을 바르게 수행하지 못할 경우, 치료사가 신체적 촉구를 한다.
- 면봉으로 다양한 맛의 시럽 또는 떠먹는 요구르트를 입술에 묻히며 활동을 전개할 수 있다.
- 풍선에 입술 그림을 그려 풍선을 양쪽으로 당기거나 모아서 입술의 움직임에 대한 인식을 높일 수 있다. 단, 이 활동의 목표는 아동 자신의 입술에 대한 인식이므로 활동의 마지막은 반드시 아동의 신체를 이용한다.

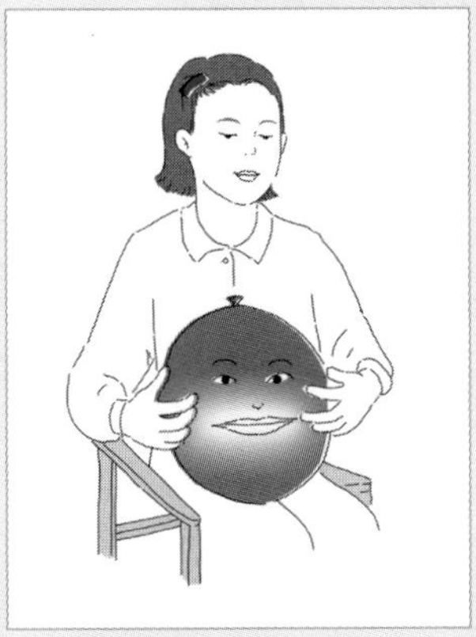

〈풍선을 이용한 입술 인식1〉
풍선에 그려진 입을 양쪽으로
당겨 길쭉한 입술 모양을 인식하기

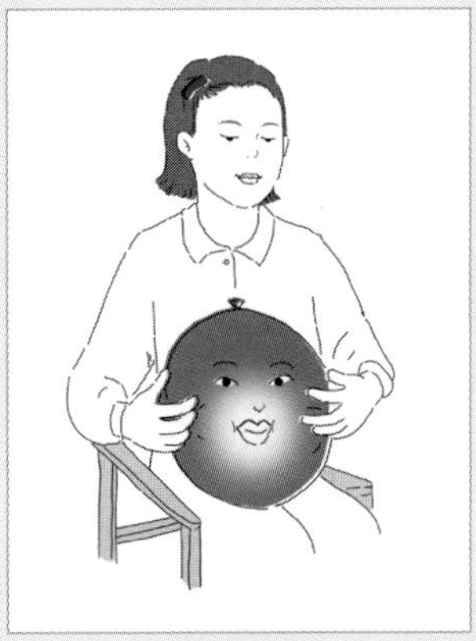

〈풍선을 이용한 입술 인식2〉
풍선에 그려진 입을 가운데로
모아 오므린 입술 모양을 인식하기

4. 혀

♫ 혀 노래

목표 ● 노래와 율동을 통하여 혀의 움직임을 인식한다.

■ '혀 노래'를 부른다.

혀 노래

원곡: 옆에 옆에

■ '혀 노래' 를 배운 후, 다섯 동작을 노래에 연결시킨다.

혀를 왼쪽으로 하기

혀를 오른쪽으로 하기

혀를 위로 하기

혀를 아래로 하기

임상노트

- 아동이 활동을 바르게 수행하지 못할 경우, 치료사가 설압자나 위생장갑을 낀 손가락으로 신체적 촉구를 제시한다.
- 면봉으로 다양한 맛의 시럽 또는 떠먹는 요구르트를 입술에 묻히며 활동을 전개할 수 있다.
- 양말이나 벙어리 장갑을 손에 끼고, 혀 움직임을 시각적으로 보여 준다.
- 이 활동의 목표는 아동 자신의 혀 움직임에 대한 인식이므로 활동의 마지막은 반드시 아동의 신체를 이용한다.

떠먹는 요구르트 활용- 혀 운동 지도

〈윗입술〉
혀를 위로 하기

〈아랫입술〉
혀를 아래로 하기

〈오른쪽 입꼬리〉
혀를 오른쪽으로 하기

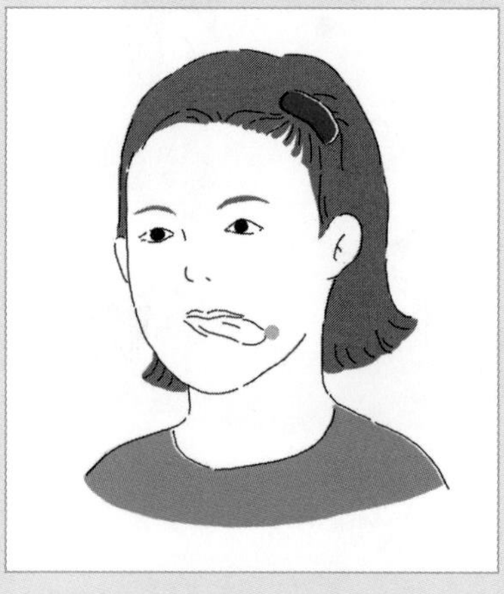
〈왼쪽 입꼬리〉
혀를 왼쪽으로 하기

5. 마무리

칭찬 노래

목표	● 노래와 율동을 통하여 '조음기관 인식' 훈련을 정리한다.

■ '칭찬 노래'를 부른다.

칭찬 노래

원곡: 똑같아요

임상노트

- 활동 1부터 4까지는 모든 회기를 시작할 때 준비활동으로 이용할 수 있다.
- 활동 5는 한 회기를 마칠 때 마침 노래로 이용할 수 있다.
- 아동이 이 노래와 율동을 실시하는 동안 치료사는 아동의 구강과 조음기관 운동을 관찰할 수 있다.

Program 02

모음 발음을 위한 턱 훈련

1. 턱 인식
2. 턱 운동
3. 음소 훈련 및 마무리

모음을 발음하기 위하여
텁 훈련을 해요!

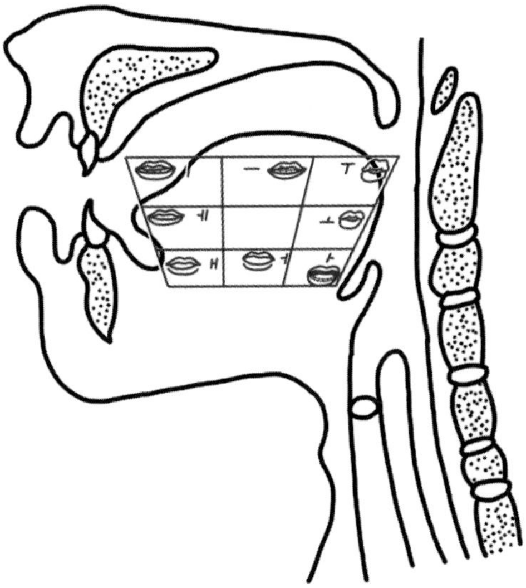

- 모음은 혀의 높낮이와 턱의 개방 정도에 따라 고모음과 저모음으로 구분합니다.
- 고모음은 / ㅣ /, /ㅡ/, /ㅜ/ , 저모음은 / ㅏ / 입니다.

모음은 기류가 후두를 지나는 동안 성대를 진동시켜 만들어진 음원이 인두강, 구강, 비강 등에서 공명되고 여러 음소로 분화되어 산출된다. 이때 성도의 크기와 형태는 주로 혀와 입술의 움직임으로 변화된다. 한국어의 모음은 혀의 높낮이와 혀의 전후 위치 그리고 입술의 모양에 따라 나누어진다.

특히, 혀의 높낮이는 턱(하악골)의 높낮이와 밀접하다. 혀를 구개 쪽으로 올려 산출하는 고모음 /ㅣ/나 /ㅜ/는 아래턱이 닫힐 정도로 올려야 한다. 중모음 /ㅔ/, /ㅐ/, /ㅓ/, /ㅗ/는 턱을 조금 내려 입을 약간 벌리고 혀의 높이를 중간 정도 위치에 두고 조음한다. 저모음 /ㅏ/는 아래턱을 내려 구강을 크게 벌리고 혀도 구강바닥에 내려 조음한다.

턱은 발음뿐만 아니라 저작을 할 때도 중요한 기능을 하는데, 이때 턱을 올리거나 내리는 근육에는 턱을 올려 입을 다물게 하는 깨물근(교근, masseter muscles)과 턱의 후상방으로 끌어올리는 측두근(temporal muscles), 교대로 작용하여 턱의 상하 좌우 운동을 하게 하는 내외측 익돌근(pterygoid muscles)이 있다.

이러한 턱의 움직임이 원활하지 못할 경우 조음의 명료도가 낮아질 수 있다. 따라서 턱의 올림과 내림, 구강개방 운동의 범위 등에 대하여 인식하는 훈련과 턱 근육의 힘과 긴장도를 높이는 훈련은 모음의 조음뿐만 아니라 전체적인 조음 명료도를 향상시킬 수 있다.

목표

- 턱의 움직임을 지각한다.
- 턱을 근육의 힘과 긴장도를 증가시킨다.
- 고모음 /ㅣ/와 저모음 /ㅏ/를 산출할 때 턱을 올리고 내린다.
- 단어 수준에서 /ㅣ/, /ㅏ/를 바르게 산출한다.

활동

1. 턱 인식
   - 턱 노래
   - 턱 올리기 인식하기
   - 턱 내리기 인식하기

2. 턱 운동
   - 턱 운동 노래
   - 발성하며 턱 내리기
   - 발성하며 턱 올리기
   - 턱을 고정하고 혀 움직이기
   - 턱 힘 유지하기
   - 세 가지 턱 위치 만들기

3. 음소 훈련 및 마무리
   - 모음 노래
   - 턱 운동 칭찬 노래

유의사항

- 활동에 사용하는 모든 도구는 언어재활사, 교사, 부모 등 성인이 다루도록 한다.
- 턱 운동을 할 때 체간이나 머리가 따라 움직이지 않도록 주의한다.

1. 턱 인식

♫ 턱 노래

목표 ● 노래와 율동을 통하여 발성을 위한 턱의 위치를 인식한다.

■ '턱 노래'를 부른다.

턱 노래

원곡: 거미가 줄을 타고

■ '턱 노래'에 다음의 네 동작을 연결시킨다.

양쪽 손가락을 아래턱 가운데에 대기

손가락을 턱에 둔 채 턱 내리기

양쪽 손가락을 턱 가운데에서 양옆으로 두드리며 올리기

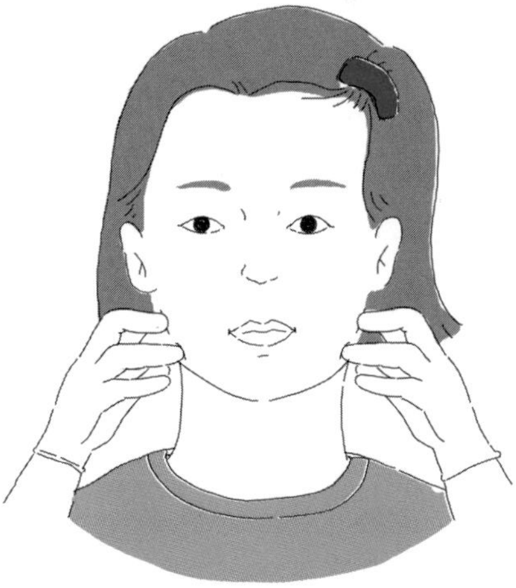

손가락을 턱 양옆에 둔 채 턱 내리기

임상노트

• 아동이 활동을 바르게 수행하지 못할 경우, 치료사가 신체적 촉구를 한다.

◆ 응용 활동
- 손가락 율동과 함께 턱의 각 지점에 스티커 등을 붙여 턱의 움직임에 대한 인식을 높인다.
- 손인형을 모델로 제시하여 턱의 움직임과 구강 개방을 인식시킨다.

♫ 턱 올리기 인식하기(구강폐쇄)

목표 ● 턱을 올리는 근육을 인식한다.

◆ 턱 근육 긴장 인식하기 – 치료사

① 치료사의 얼굴 옆면에 아동의 손을 대고, 치료사가 어금니를 단단히 문다.
② 이때 아동에게 턱 근육이 불룩 튀어나오고 단단해지는 것을 느끼게 한다.

◆ 턱 근육 긴장 인식하기 – 아동

① 아동에게 자신의 얼굴 옆면에 손을 대고 어금니를 단단히 물게 한다.
② 아동에게 자신의 턱 근육이 치료사처럼 단단해지는지 느껴보라고 한다.
③ 이 활동을 5회 반복한다.

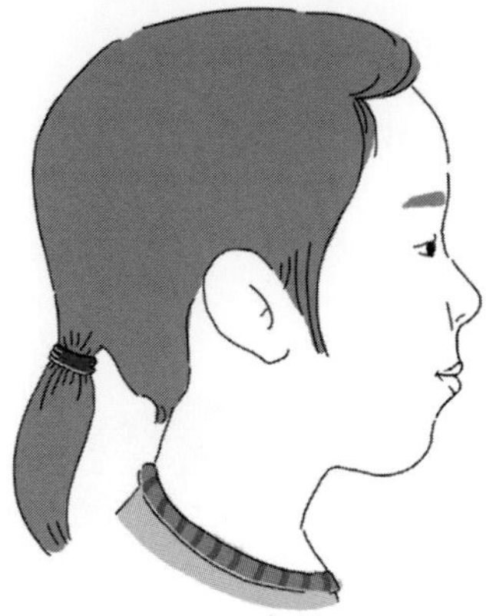

편안한 상태의 옆모습

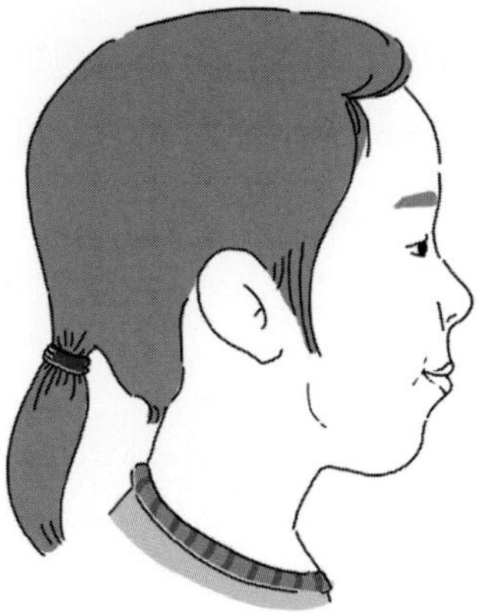

어금니를 단단히 물었을 때
턱 근육이 튀어나온 모습

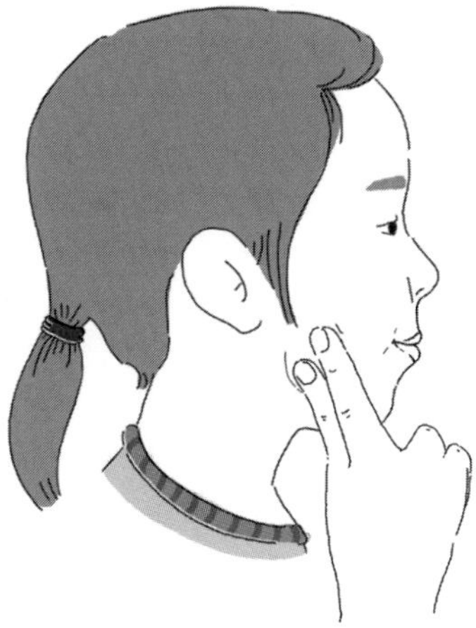

손으로 긴장된 턱 근육 인식하기

◆ 턱의 움직임 인식하기 – 치료사

① 치료사의 얼굴 옆면에 아동의 손을 대고, 치료사는 턱을 내렸다가 올리는 씹기 동작을 반복한다.

② 아동에게 턱이 움직이는 것을 느끼게 한다.

◆ **턱의 움직임 인식하기 – 아동**

① 아동에게 자신의 얼굴 옆면에 손을 대고 씹기 동작을 반복하게 한다.

② 아동에게 자신의 턱 근육의 움직임을 느껴보라고 한다.

③ 이 활동을 5회 반복한다.

씹기 동작에서 턱 내리기

씹기 동작에서 턱 올리기

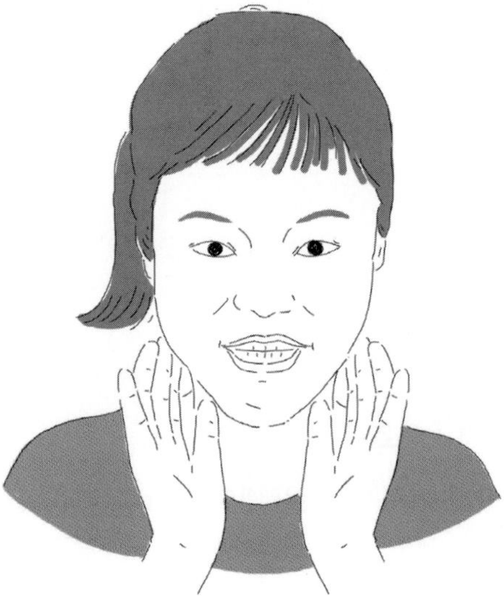

손으로 턱 근육의 움직임 인식하기

♫ 턱 내리기 인식하기(구강 개방)

목표 ● 턱을 올릴 때와 내릴 때의 움직임과 근육을 인식한다.

준비물 ● 거울

◆ 턱의 개방과 폐쇄 인식하기

① 아동은 엄지손가락을 턱 아래에 대고 나머지 손가락을 턱 위에 댄다.

② 아동에게 입을 크게 벌리라고 한다.

③ 턱을 아래로 내리면 엄지손가락도 함께 내려오는 것을 느끼게 한다.

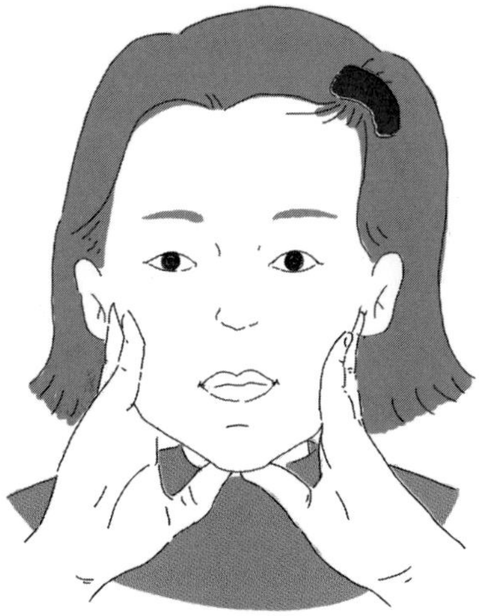

턱을 다문 상태에서
손가락으로 턱 위치 인식하기

턱을 벌린 상태에서
손가락으로 턱 위치 인식하기

임상노트

• 아동의 턱이 앞으로 돌출되거나 옆으로 움직이지 않도록 치료사가 손으로 교정해 준다.

◆ **머리를 고정한 채 턱 운동하기**

① 아동에게 머리를 고정한 상태에서 입을 벌리게 하고, /아/ 소리를 내게 한다.

② 아동에게 턱을 올리면서 /이/ 소리를 내게 한다.

③ 이 활동을 5회 반복한다.

임상노트

- /아/를 산출하며 입을 벌리는 활동 중 아동이 머리를 뒤로 젖히고 입을 벌린다면, 치료사가 손으로 아동의 머리 뒤쪽을 받쳐 주어 고정한다.
- /이/를 산출하며 입을 다무는 활동 중에도 아동의 머리가 움직이지 않는지 확인하고, 움직인다면 머리를 고정시켜 준다.

2. 턱 운동

턱 운동 노래

목표 ● 노래와 율동을 통하여 턱 운동을 연습한다.

■ '턱 운동 노래'를 부른다.

턱 운동 노래

원곡: 오리는 꽥꽥

발성하며 턱 내리기(구강 개방)

목표 ● 턱을 내리면서 저모음을 발성한다.

준비물 ● 거울

◆ /아/ 발성하며 턱 내리기

① 치료사는 아동에게 머리를 고정한 상태에서 턱을 내리면서 /아/ 소리를 내게 한다.

② 턱이 내려오는 움직임을 느끼게 한다.

③ 이 활동을 5회 반복한다.

/아/ 발성하며 턱 내리기

◆ 턱 내리기 강화 훈련

① 치료사는 엄지손가락을 아동의 턱 아래에 둔다.

② 아동에게 입을 벌리도록 지시하고, 치료사는 반대로 턱을 위로 올려 준다.

③ 아동에게 치료사 손가락 힘에 저항하여 턱을 벌리게 한다.

④ 이 활동을 5회 반복한다.

아동에게 입을 다물게 하고
치료사는 엄지손가락을 턱 아래에 두기

아동에게 입을 벌리도록 하고
치료사는 턱을 위로 올리기

임상노트

- 아동의 수행 정도에 따라 치료사가 힘을 조절하여 난이도를 달리 할 수 있다(예, 여러 개의 손가락 이용).

♫ 발성하며 턱 올리기(구강 폐쇄)

목표 ● 턱을 올리면서 고모음을 발성한다.

준비물 ● 거울

① 아동에게 입을 크게 벌리게 한다.
② 치료사의 엄지손가락을 아동의 턱 끝에 댄다.
③ 아동에게 입을 다물라고 지시하고, 치료사는 손가락에 힘을 주어 아동의 턱을 아래로 내린다.
④ 아동은 치료사 손가락 힘에 저항하여 턱을 올리면서 /이/ 소리를 낸다.
⑤ 이 활동을 5회 반복한다.

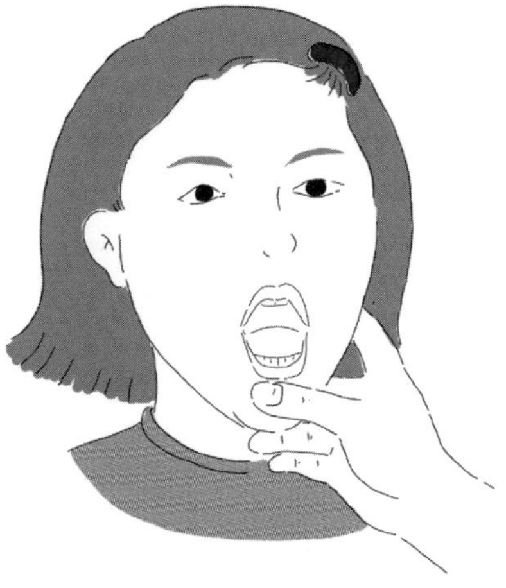

아동에게 입을 벌리게 하고
치료사는 엄지손가락을 턱 아래에 두기

아동에게 입을 다물도록 하고
치료사는 턱을 아래로 내리기

임상노트

• 아동의 수행 정도에 따라 치료사가 힘을 조절할 수 있다.
- 약하게(손가락 한 개 사용)
- 중간(손가락 두 개 사용)
- 강하게(손가락 세 개 사용)

♫ 턱을 고정하고 혀 움직이기

목표 ● 턱을 고정한 상태에서 혀를 독립적으로 움직인다.

준비물 ● 좁은 설압자, 음절카드, 거울

① 치료사는 아동의 왼쪽 어금니 사이에 좁은 설압자를 세워 놓고, 아동에게 설압자를 가볍게 물게 한다.

② 설압자를 문 상태에서 '나, 다, 따, 타' 등 치조음이 포함된 음절을 말하게 한다.

/나나나/ → /다다다/ → /따따따/ → /타타타/

③ 이때 설압자가 움직인다면, 거울을 보여 주어 설압자가 움직이지 않게 지시한다.

④ /나나나/, /다다다/, /따따따/, /타타타/를 한 세트로 하여 3세트를 반복한다.

설압자를 어금니 사이에 가볍게 물기

설압자를 문 상태에서 치조음 산출하기

임상노트

- 아동이 어금니 사이에서 좁은 설압자를 세운 상태로 유지하기 어려워한다면 좁은 설압자 3~4개를 겹쳐 어금니로 물고 있게 하여 활동을 진행할 수 있다.
- 이 활동은 혀 훈련이나 치조음 훈련이 아니다. 발음을 위해 혀가 움직일 때 턱을 개방한 상태로 유지하는 것이 목표다.

♫ 턱 힘 유지하기

목표	● 저작근육의 긴장을 일정한 힘으로 유지한다.
준비물	● 설압자, 막대 모양 과자, 위생장갑

◆ 막대 모양 과자 물고 있기

① 치료사는 아동의 어금니 아래에 막대 모양 과자를 둔다.

② 아동에게 과자를 부수지 않을 정도의 힘으로 5초 동안 물고 있게 한다.

③ 좌우를 1세트로 5회 반복한다.

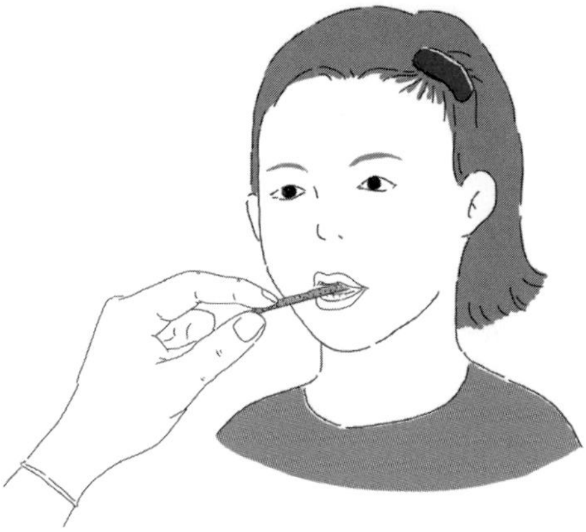

입을 벌린 상태에서
왼쪽 어금니에 막대 모양 과자 두기

어금니로 막내 모양 과자 물기

◆ 막대 모양 과자 놓치지 않기

① 치료사가 약간의 힘을 주어 아동이 물고 있는 막대 모양 과자를 잡아당긴다.

② 아동은 과자를 놓치지 않도록 어금니로 물고 있어야 한다.

치료사가 잡아당기는
막대 모양 과자를 어금니로 물기

◆ 설압자 놓치지 않기

① 치료사는 아동의 앞니 사이에 설압자를 가로로 놓는다.
② 아동에게 설압자를 계속 물고 있게 한다.
③ 치료사는 설압자의 양쪽 끝을 집게손가락으로 부드럽게 잡아당긴다.
④ 아동은 설압자를 놓치지 않도록 물고 있어야 한다.

설압자를 아동의 앞니 사이에 두기

치료사가 양쪽 집게 손가락으로 설압자를 당기면 앞니로 설압자를 물고 유지하기

임상노트

• 아동의 수준에 따라 치료사가 주는 힘을 조절할 수 있다.

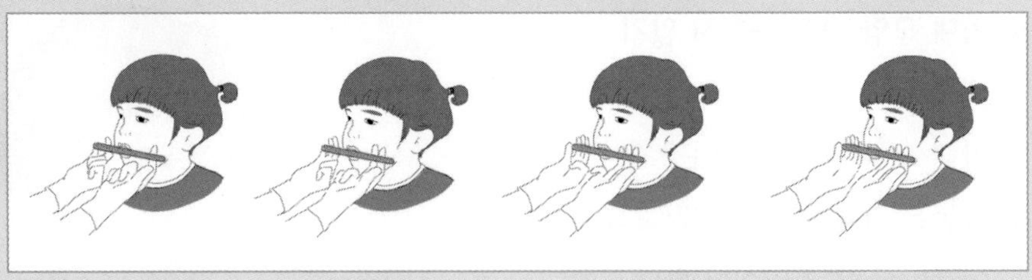
손가락 하나 손가락 둘 손가락 셋 손가락 넷

♫ 세 가지 턱의 위치 만들기

목표 ● 여러 가지 모음을 조음하기 위하여 턱을 고 · 중 · 저 위치로 개방한다.

준비물 ● 거울, 좁은 설압자, 넓은 설압자

◆ 턱 위치–고모음 / l /

① 치료사가 각 활동마다 먼저 시범을 보인다. 그리고 아동에게 거울을 보며 각 활동을 실시하도록 한다.

> 우리가 웃음소리를 낼 때, 누구의 웃음소리인지에 따라 입을 벌리는 정도가 달라요.
> 이제 우리는 여러 가지 웃음소리를 낼 텐데 그때 입이 어떤 모양이 되는지 잘 보세요.
> 먼저 ○○(아동 이름)이 웃음소리를 내 봅시다.

② 치료사는 자신의 한쪽 어금니에 좁은 설압자를 평평하게 두고 입을 다문 자세를 보여 준 다음 /히히히/라고 소리 낸다.
③ 좁은 설압자를 아동의 한쪽 어금니 사이에 둔다.
④ 아동에게 가볍게 설압자를 물고 /히히히/라고 소리 내도록 한다.
⑤ 거울을 보여 주고, 자신의 입이 벌어졌는지 다물어져 있는지 말하도록 한다.

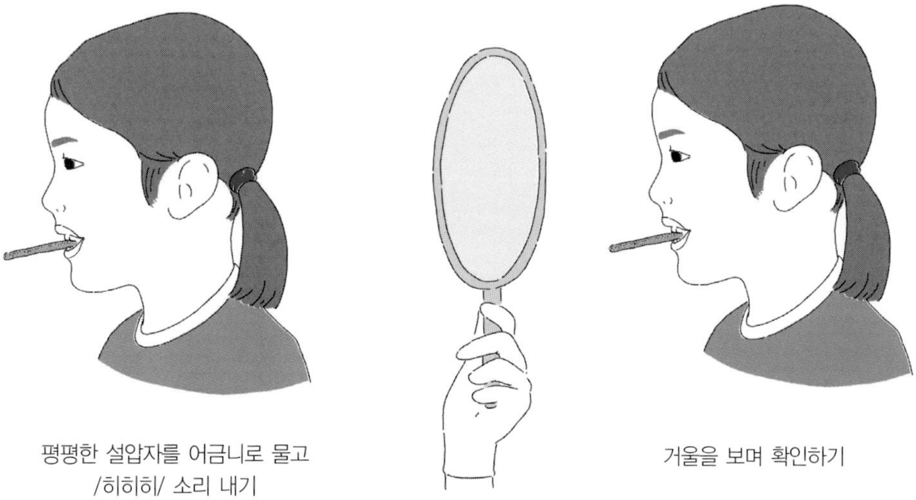

평평한 설압자를 어금니로 물고 /히히히/ 소리 내기

거울을 보며 확인하기

임상노트

- 이 활동은 혀의 움직임이 아니라 턱의 위치에 초점을 맞춘다.

◆ 턱 위치 – 중모음 /ㅔ/

> 두 번째 웃음소리는 동생의 웃음소리에요.
> 귀여운 동생은 어떻게 웃나 생각해 보고 웃음소리를 내 봅시다.

① 치료사는 한쪽 어금니에 좁은 설압자를 세워 입이 약간 벌어진 자세에서 /헤헤헤/라고 소리 낸다.
② 아동도 이와 같이 실시하도록 하고, 거울을 보며 /히히히/와 비교하여 턱이 어떻게 달라졌는지를 이야기하게 한다.

세운 설압자를 어금니에 물고 /헤헤헤/ 소리 내기

거울 보며 확인하기

◆ **턱 위치-저모음 /ㅏ/**

세 번째 웃음소리는 아빠의 웃음소리에요.
목소리가 큰 우리 아빠는 어떻게 웃나 생각해 보고 웃음소리를 내 봅시다.

① 치료사는 설압자를 입안에 두고, /하하하/라는 웃음소리를 낼 때, 설압자가 떨어지는 것을 아동에게 보여 준다.
② 아동도 같은 활동을 실시하게 하고, 설압자가 떨어질 만큼 입이 벌어진다는 것을 거울로 확인하게 한다.

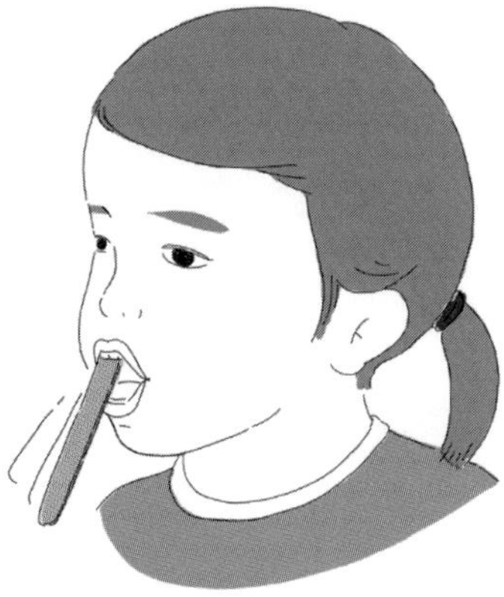

턱을 내려 세운 넓은 설압자가 떨어지게 하기

거울 보며 설압자 떨어지는 것을 확인하기

◆ 턱 위치-중모음 /ㅓ/

> 네 번째 웃음소리는 할아버지의 웃음소리에요.
> 인자하신 우리 할아버지는 어떻게 웃나 생각해 보고 웃음소리를 내 봅시다.

① 치료사는 설압자를 세로로 세워 자신의 한쪽 어금니에 두고 /허허허/라는 웃음소리를 낸다.
② 아동도 같은 활동을 실시하게 한다.
③ 아동에게 자신의 입이 어떻게 되었는지 물어 본다. 입이 벌어진 정도가 /헤헤헤/와 비슷하다는 것을 알려 준다.

세운 설압자를 어금니에 물고
/허허허/ 소리 내기

거울 보며 확인하기

◆ 턱 위치－고모음 /—/

> 다섯 번째 웃음소리는 친구의 웃음소리예요.
> 개구쟁이 내 친구는 어떻게 웃나 생각해 보고 웃음소리를 내 봅시다.

① 치료사는 좁은 설압자를 평평하게 눕혀 자신의 한쪽 어금니 사이에 두고 /흐흐흐/라는 웃음소리를 낸다.
② 아동도 역시 설압자를 가볍게 물고 /흐흐흐/라고 소리 내도록 한다.
③ 아동에게 자신의 입이 어떻게 되었는지 물어보고 입이 벌어진 정도가 /히히히/와 비슷하다는 것을 알려 준다.

◆ 세 개의 턱 위치 연습

> 자, 이제 여러 가지 웃음소리를 낼 때 입이 얼마나 벌어져야 하는지 알았어요.
> 아빠 웃음 /하하하/는 입을 크게
> 동생 웃음 /헤헤헤/와 할아버지 웃음 /허허허/는 입을 조금 크게
> 친구 웃음 /흐흐흐/와 내 웃음 /히히히/는 입을 작게
> 이제 막대 없이 해 봐요.

① 치료사와 아동은 설압자 없이 입을 조금만 벌려 /히히히/ 소리를 낸다.
② 입을 조금 크게 벌려 /허허허/ 소리를 낸다.
③ 입을 아주 크게 벌려 /하하하/ 소리를 낸다.
④ 다시 입을 조금 크게 벌려 /헤헤헤/ 소리를 낸다.
⑤ 입을 조금만 벌려 /흐흐흐/ 소리를 낸다.

3. 음소 훈련 및 마무리

모음 노래

목표 ● 모음 노래를 통하여 턱의 위치를 안정화한다.

■ '모음 노래'를 부른다.

모음 노래

원곡: 통통통통

턱 운동 칭찬 노래

목표 ● 노래와 율동을 통하여 턱 훈련을 정리한다.

■ '턱 운동 칭찬 노래' 를 부른다.

턱 운동 칭찬 노래

원곡: 똑같아요

임상노트

- 턱 운동 칭찬 노래는 회기를 마칠 때 마침 노래로 이용할 수 있다. 아동이 이 훈련을 실시하는 동안 치료사는 조음기관의 움직임을 관찰한다.

Program 03

원순모음 발음을 위한 입술 오므리기 훈련

원순모음을 발음하기 위하여
입술 오므리기를 훈련해요!

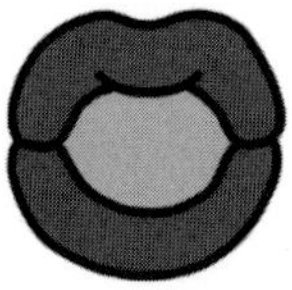
/오/의 입술모양

/우/의 입술모양

/으/의 입술모양

/이/의 입술모양

- 원순모음은 입술을 둥글게 오므려서 발음합니다.
- 원순모음에는 /ㅗ/, /ㅜ/가 있습니다.

입술의 구조적 이상이나 기능적 이상이 있으면 조음의 산출에 영향을 주게 된다.

입술은 대기와 구강을 연결시키는 통로로 성도의 마지막 부분이다. 입술의 운동성과 유동성으로 말소리가 만들어지며, 입술 근육은 입술의 열림과 닫힘의 조절, 입술을 오므려 돌출시키는 것에도 관여를 한다. 또한 입술의 구조는 입둘레근(orbicularis oris muscle)으로 이루어져 턱과 볼의 근육과 함께 연결되어 있다. 따라서 이들이 함께 움직여 다양한 입술 움직임을 만든다.

입술은 말소리 분류에서 파열음의 경우 공기를 완전히 막음으로써 만들어진다. 또한 마찰음은 구강을 강하게 압축시킨 후 공기를 통과시켜 발음하게 된다. 파찰음은 파열음과 마찰음의 결합으로 처음에는 공기를 완전히 막고 그 뒤 작은 틈새로 공기를 내보낸다. 유음도 구강을 압축시켜 발음하는 음이다. 이러한 말소리를 산출하기 위해서 구강 내 공기 압력을 높여야 하는데 여기에 필수적으로 입술의 힘이 필요하게 된다.

원순모음, 원순 반모음을 산출하는 데 있어 두 입술은 조음점의 역할을 한다. 그러므로 입술 다물기, 입술 오므리기가 어려우면 오류음을 산출하게 된다. 그러나 입술의 크기나 기동성, 접촉하는 힘 등은 각각의 개인차가 있어서 정상적인 범위 내에 있다면 말소리를 습득하는 데 별다른 어려움을 보이지 않는다.

조음장애로 보고된 아동들은 대부분 정상적인 입술과 구강구조를 가진다. 그러므로 조음장애 치료에 효과를 높이기 위해서는 기능적 훈련(입술 훈련)을 실시하는 것이 훨씬 효과적이다.

이 장에 기술된 입술 관련 훈련은 입술의 다양한 근육의 수축을 유도하여 훈련한다는 특성이 있으며 이러한 훈련을 통해 입술 기능의 향상을 돕게 된다.

목표

- 입술을 지각한다.
- 평평한 입술과 둥글게 오므린 입술을 지각한다.
- 입술 오므리기를 위한 입술 근육의 힘과 긴장도를 향상시킨다.
- 원순모음 /ㅗ/, /ㅜ/를 산출할 때 입술을 오므린다.
- 단어 수준에서 /ㅗ/, /ㅜ/를 바르게 산출한다.

활동

1. 입술 인식
   - 입술 노래
   - 입술 오므리기 인식하기

2. 입술 운동
   - 입술 오므리기 노래
   - 여러 가지 피리 불기
   - 입술 오므리기 운동-빨기
   - 입술 오므려서 설압자 밀기
   - 막대에 저항하여 입술 오므리기

3. 음소 훈련 및 마무리
   - 원순모음 노래
   - 입술 오므리기 칭찬 노래

유의사항

- 활동에 사용하는 모든 도구는 언어재활사, 교사, 혹은 부모가 다루도록 한다.
- 모든 도구는 입술 근육의 훈련을 위한 것이므로 아동의 입술 사이에 두어야 하며, 치아 사이에 두지 않도록 조심한다.
- 훈련 도구를 아동의 입술 사이에 놓을 때 입과 수평이 되는지, 아동의 머리가 일직선이 되는지, 머리나 몸체가 앞쪽으로 움직이지 않는지를 확인한다.
- 불기 훈련에서 아동이 볼을 부풀리면 치료사는 손가락으로 아동의 볼을 눌러 주고, 입술을 꼭 다물도록 아동에게 지시하면서 '볼을 부풀리지 마세요.' 라고 말한다.

• 훈련 도구를 아동의 입술에 위치시키기 전에 아동의 치아 쪽으로 입술 말기를 제거시키기 위해 '음'이라고 말하게 하거나, 두 입술을 내밀게 하거나 입술 떨기를 시킨다.

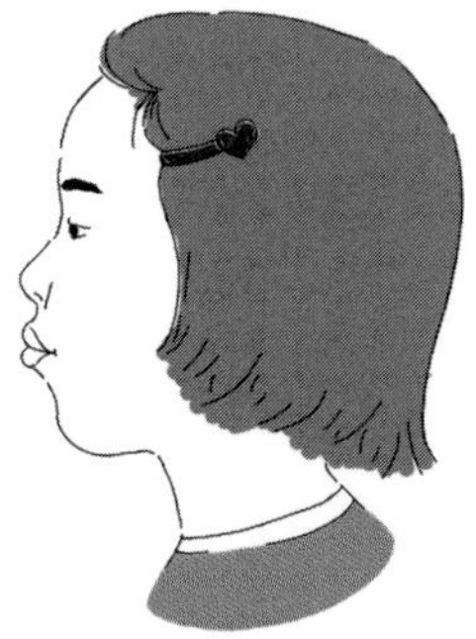
입술 내밀기

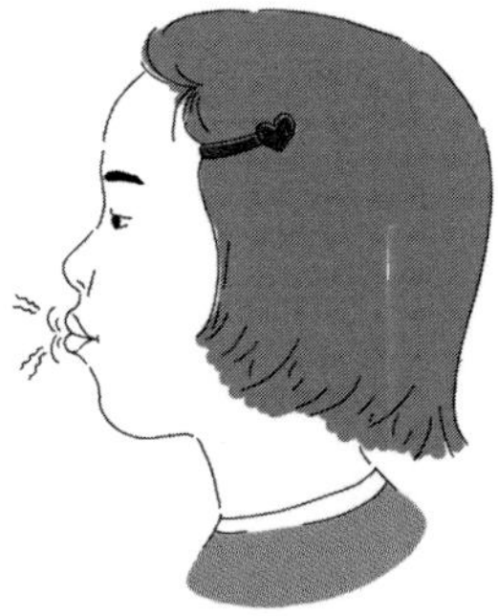
입술 떨기

1. 입술 인식

♫ 입술 노래

목표	● 노래와 율동을 통하여 입술을 인식한다.
준비물	● 스티커, 손인형

■ '입술 노래'를 부른다.

입술 노래

원곡: 비행기

■ '입술 노래'에 다음의 두 동작을 노래에 연결시킨다.

양쪽 손가락으로 아랫입술 두드리기

양쪽 손가락으로 윗입술 두드리기

임상노트

- 아동이 활동을 바르게 수행하지 못할 경우, 치료사가 신체적 촉구를 한다.
- 면봉으로 다양한 맛의 시럽 또는 떠먹는 요구르트를 입술에 묻히며 활동을 전개할 수 있다.
- 풍선에 입술 그림을 그려 풍선을 양쪽으로 당기거나 모아서 입술의 움직임에 대한 인식을 높일 수 있다. 단, 이 활동의 목표는 아동 자신의 입술에 대한 인식이므로 활동의 마지막은 반드시 아동의 신체를 이용한다.

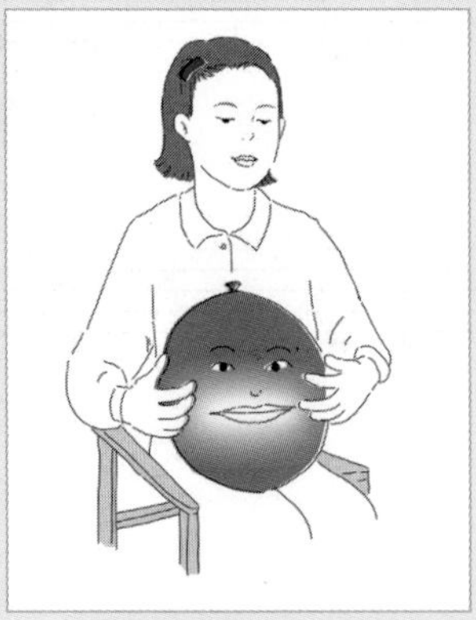

〈풍선을 이용한 입술 인식1〉
풍선에 그려진 입을 양쪽으로
당겨 길쭉한 입술 모양 인식하기

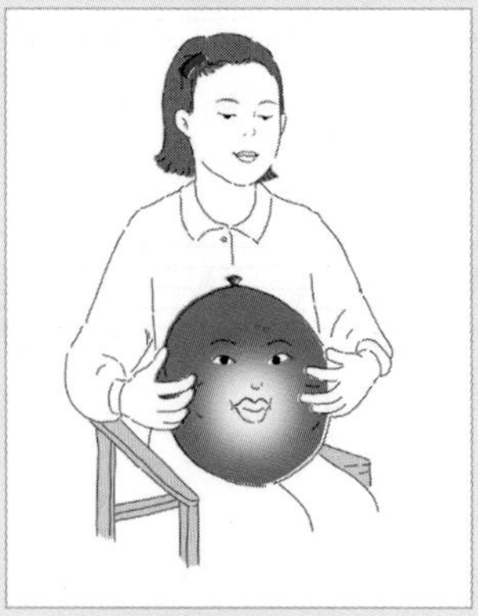

〈풍선을 이용한 입술 인식2〉
풍선에 그려진 입을 가운데로
모아 오므린 입술 모양 인식하기

♫ 입술 오므리기 인식하기

목표 ● 입술 오므리기를 인식한다.

준비물 ● 스펀지 막대, 막대사탕

◆ 돌리는 스펀지 막대를 입술로 물기

① 입술을 오므리게 한다.

② 스펀지 막대를 입술 사이에 놓고 돌린다.

③ 입술이 둥글게 모여졌음을 인식시킨다.

④ 막대사탕으로 동일하게 활동한다.

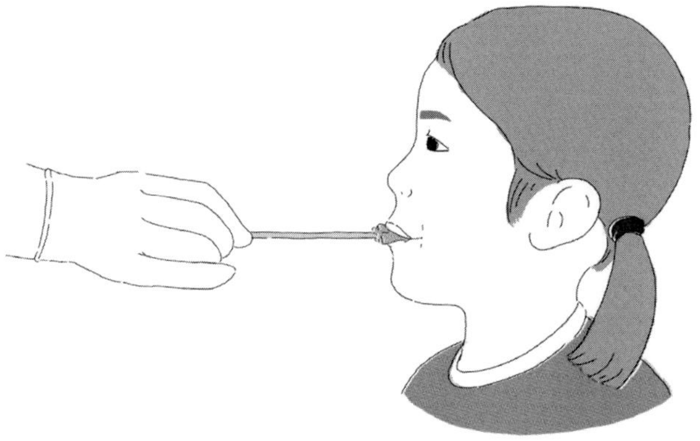

돌리는 스펀지 막대 입술로 물기

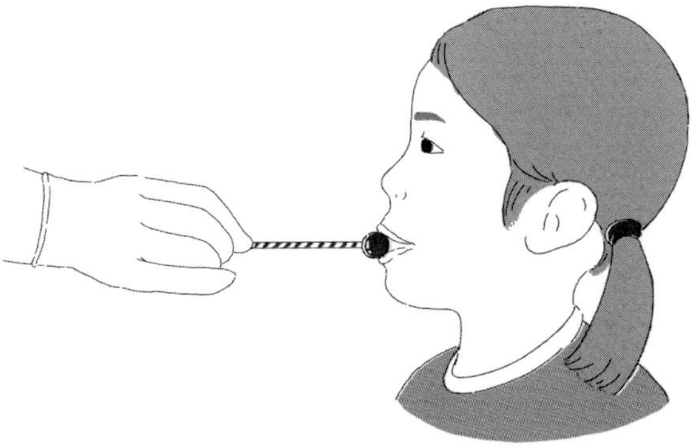

돌리는 막대 사탕 입술로 물기

◆ **입술 찍기**

① 입술에 립스틱을 바른다.

② 입술 오므리기를 하게 한다.

③ 빳빳한 종이를 이용하여 입술 찍기를 한다.

④ 찍혀진 입술 모양을 보고 입술 오므리기를 확인한다.

입술 오므려서 뽀뽀하기

2. 입술 운동

입술 오므리기 노래

목표 ● 노래와 율동을 통하여 입술 오므리기를 연습한다.

준비물 ● 스티커, 손인형

■ '입술 오므리기 노래 1' 을 부른다.

입술 오므리기 노래 1

원곡: 똑같아요

■ '입술 오므리기 노래 2'를 부른다.

입술 오므리기 노래 2

원곡: 오리는 꽥꽥

♫ 여러 가지 피리 불기

목표	● 끝이 둥근 피리 불기 활동을 통해 입술 오므리기를 한다.
준비물	● 마술 피리, 비눗방울, 마술 실 피리, 바람개비

◆ 둥근 끝 모양 마술 피리 불기

① 아동에게 마술 피리의 둥근 끝을 입술로 물게 한다.

② 치료사가 피리를 구부려 피리의 다른 쪽 끝을 아동의 얼굴 각 부위로 향하게 하고, 아동에게 피리를 가볍게 불게 한다.

③ 치료사는 아동에게 '입에서 공기가 나와서 턱, 볼, 이마에서 공기를 느낄 수 있지.' 라고 말한다.

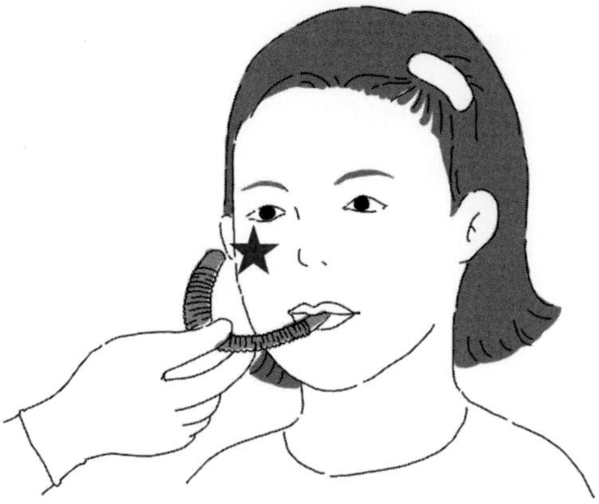

마술 피리 끝을 볼로 향하게 하여
공기 인식하기

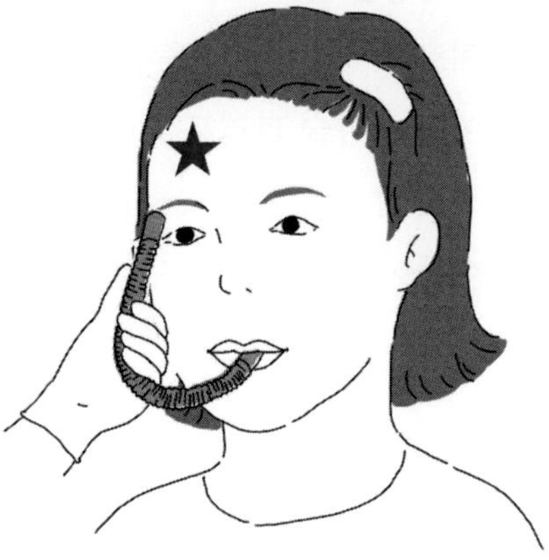

마술 피리 끝을 이마로 향하게 하여
공기 인식하기

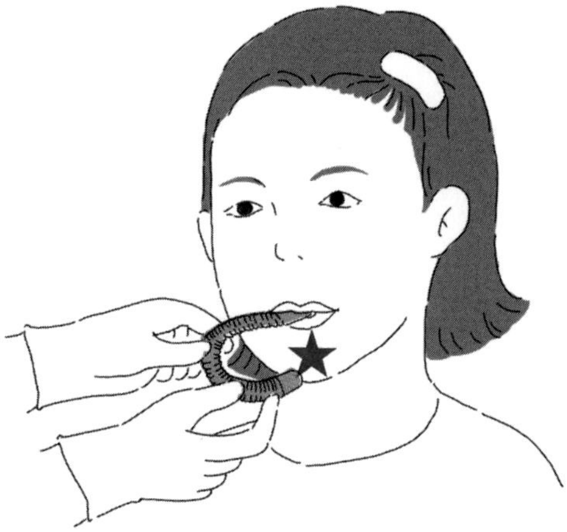

마술 피리 끝을 턱으로 향하게 하여
공기 인식하기

임상노트

• 마술 피리 불기는 구강의 기류에 대한 지각을 촉진시킨다.

◆ **비눗방울 불기**

① 치료사가 비눗방울을 분 후, 막대로 비눗방울을 잡는다.

② 아동이 마술 피리로 막대 끝에 있는 비눗방울을 분다(4회).

③ 막대 끝에 있는 비눗방울을 입으로 불어서 날려 보낸다.

④ 아동이 성공할 때까지 이 활동을 반복한다.

마술 피리로 비눗방울 불기

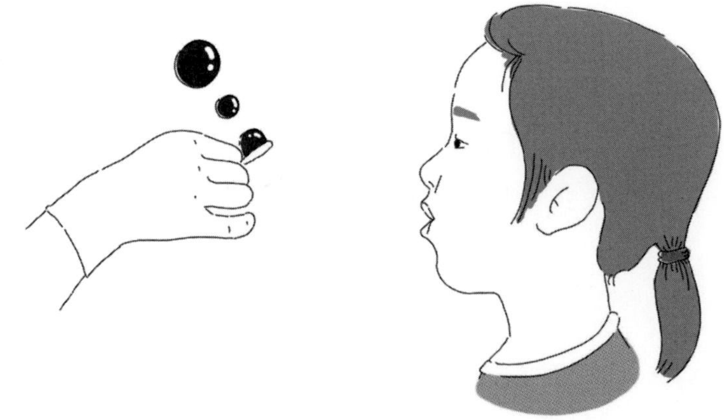

입으로 비눗방울 불기

◆ **둥근 끝 모양 마술 실 피리 불기**

① 아동의 입술 사이에 마술 실 피리를 놓는다.

② 마술 실 피리를 3~5초 동안 길게 불어 실이 빙글빙글 돌도록 불게 한다.

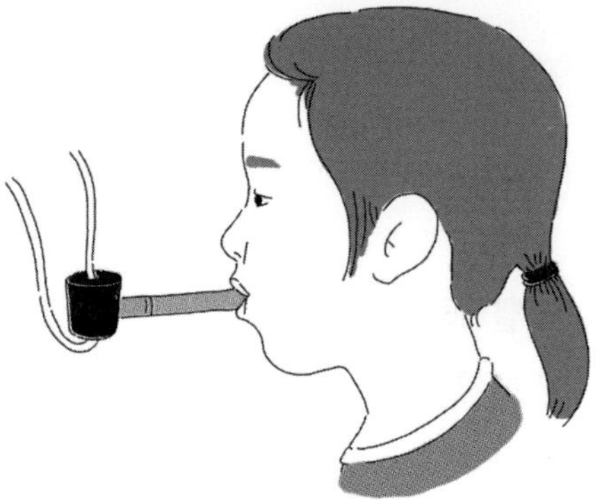

마술 실 피리 불기

◆ **입술을 오므려 풍차 호루라기 불기**

① 아동은 입으로 불어서 풍차 호루라기를 돌린다.

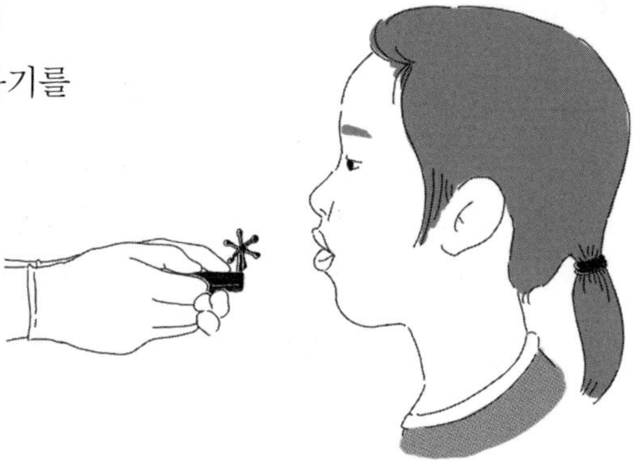

풍차 호루라기 불기

◆ **입술을 오므려 휘파람 불기**

① 아동에게 휘파람을 불게 한다.

② 입술을 단단하게 오므리도록 촉구한다.

임상노트

- 휘파람 불기 활동은 보조도구 없이 입술 오므리기를 하도록 하는 훈련으로 보조도구(피리)를 이용한 활동보다 난이도가 높다.

♫ 빨기

목표 ● 빨기 활동을 하며 입술 오므리기를 한다.

준비물 ● 종이접시, 빨대, 부드러운 젤리, 솜공, 마술 피리, 사이렌 호루라기

◆ 빨대로 빨기

① 젤리를 종이 접시에 조금 담아 준비한다.

② 아동에게 빨대를 물고 젤리가 없어질 때까지 빨도록 한다.

③ 짧고 넓은 빨대 크기부터 시작해서 길고 좁은 빨대 크기를 사용하여 점차 과제의 난이도를 높인다.

◆ 마술 피리로 빨기

① 아동은 입술로 마술 피리를 물고, 솜공을 빨아당겨 들어 올린다.

② 3~5초 동안 떨어지지 않도록 유지한다.

③ 마술 피리의 끝을 조금씩 들어 올려 수평이 되게 한다.

→ 다른 활동: 솜공 이외에 종이, 화장솜, 뻥튀기 과자, 다양한 모양과 색상의 공 등으로 대체할 수 있다.

빨대로 젤리 빨기

마술 피리로 솜공 빨아당겨 올리기

임상노트

• 만약 아동이 빨기 대신에 불기를 한다면, '우유를 마시는 것처럼 해 봐.' 라고 촉구한다.

◆ **사이렌 호루라기로 빨아 당기기**

① 아동은 사이렌 호루라기의 매끈하고 링이 없는 쪽 끝을 입술로 문다.

② 아동에게 사이렌 호루라기를 빨아 당기도록 지시한다.

③ 만일 아동이 사이렌 호루라기를 분다면 소리가 나오지 않는다.

④ 빨기를 할 때, 볼이 안으로 들어가고 입술로 단단히 물고 있는지를 확인한다.

⑤ 아동에게 1회 호흡에 세 번 빨아 당기게 한다.

⑥ 이 활동을 2회 반복해서 실시한다.

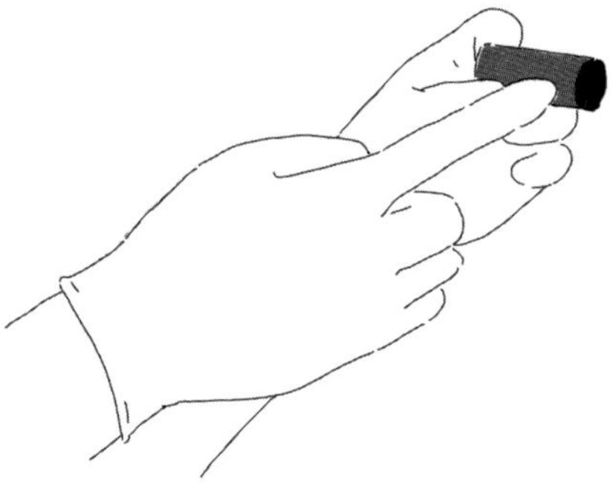

사이렌 호루라기 준비하기

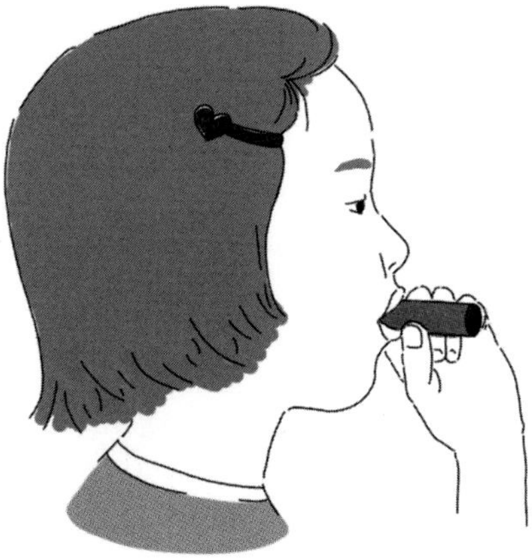

사이렌 호루라기를 빨아 당겨서 소리 내기

임상노트

• 안전을 위해서 아동이 빨기를 하는 동안에 어른이 호루라기를 반드시 잡고 있어야 한다.

◆ **사이렌 호루라기 불기**

① 사이렌 호루라기를 돌려 링이 있는 쪽을 아동이 물게 하고 1회 호흡에 네 번 나누어 불게 한다.

② 볼이 부풀려지면 부풀기를 감소시키기 위해 아동에게 입술을 단단히 다물고 입술에 힘을 더 주게 한다.

♫ 입술 오므려서 설압자 밀기

목표	● 입술 오므리는 근육을 강화한다.
준비물	● 설압자

① 아동이 입술을 다물고 있는 동안 설압자를 세워서 아동의 입술을 민다.

② 아동에게 입술을 내밀어서 설압자를 밀도록 시킨다.

③ 이 활동을 5회 실시한다.

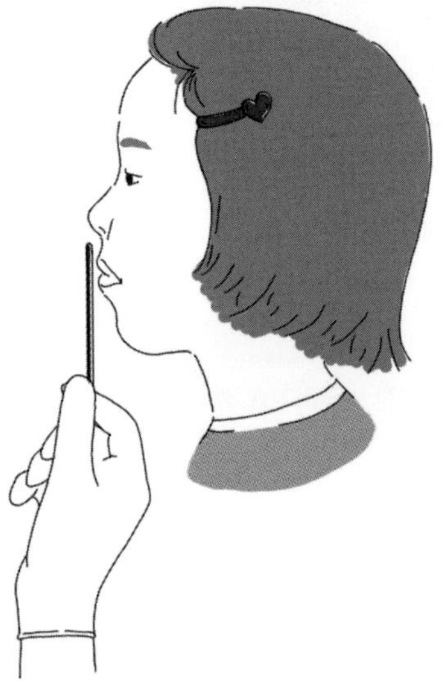

설압자를 입 앞에 세우기

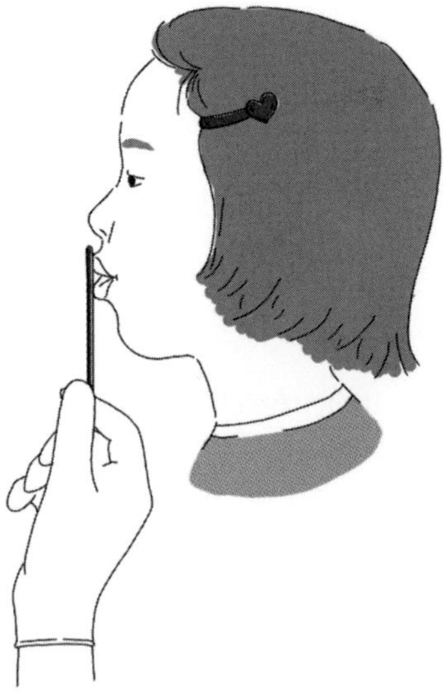

입술로 설압자를 밀기

♫ 막대에 저항하여 입술 오므리기

목표 ● 입술 오므리는 근육을 강화한다.

준비물 ● 막대 모양 과자 2개, 설압자 2개

① 두 개의 막대 모양 과자(설압자)의 끝을 입안에 넣어서 양쪽으로 간격을 벌린다.

② 아동에게 입을 오므려 입 모양을 '오'로 만들게 한다.

③ 근육의 힘을 증가시키기 위해서 이 활동을 5회씩 반복하게 한다.

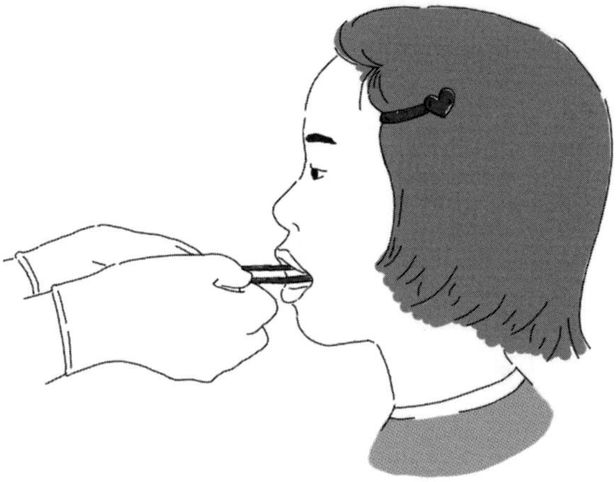

막대 모양 과자 두 개를 입안에 두기

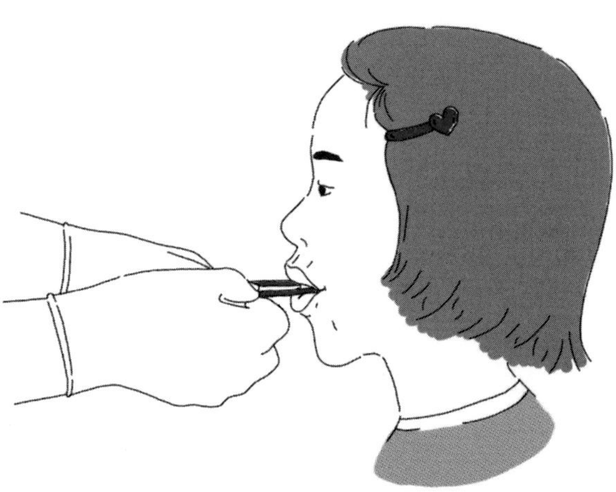

치료사는 과자를 양쪽으로 벌리고, 아동은 입술을 동그랗게 만들기

3. 음소 훈련 및 마무리

♫ 원순모음 노래

목표	● 노래와 율동을 통하여 원순모음 발음을 훈련한다.

■ '원순모음 노래'를 부른다.

원순모음 노래

원곡: 리리리 자로

♫ 입술 오므리기 칭찬 노래

목표 ● 노래와 율동을 통하여 입술 오므리기 활동을 정리한다.

■ '입술 오므리기 칭찬 노래' 를 부른다.

입술 오므리기 칭찬 노래

원곡: 똑같아요

임상노트

- '입술 오므리기 칭찬 노래'는 회기를 마칠 때 마침 노래로 이용할 수 있다. 아동이 이 훈련을 실시하는 동안 치료사는 조음기관의 움직임을 관찰한다.

Program 04

양순음 발음을 위한 입술 다물기 훈련

1. 입술 인식
2. 입술 다물기 운동
3. 음소 훈련 및 마무리

양순음을 발음하기 위하여
입술 다물기를 훈련해요!

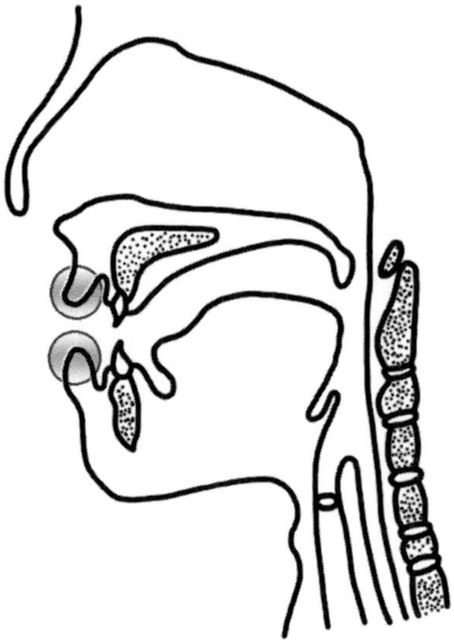

- 양순음은 두 입술을 접촉해서 발음합니다.
- 양순음에는 /ㅂ/, /ㅃ/, /ㅍ/, /ㅁ/가 있습니다.

양순음 /ㅂ/, /ㅃ/, /ㅍ/, /ㅁ/는 입술이 맞닿아서 나는 소리다. 양순음은 다시 양순파열음(/ㅂ/, /ㅃ/, /ㅍ/)과 양순비음(/ㅁ/)으로 나누어 진다. 양순파열음은 두 입술이 접촉하였다가 터뜨리며 내는 음이며, 양순비음은 두 입술을 접촉하여 기류를 비강으로 내보내어 발음되는 음이다. 양순음은 산출하기 위해서는 입술에 대한 명확한 인식이 요구된다. 또한 입술의 일정한 힘과 긴장도를 유지할 수 있어야 한다. 따라서 입술의 구조적인 문제와 개폐 운동능력은 양순음 발음의 진단에 중요한 기준이 된다.

양순음은 아랫입술을 수동부에 해당하는 윗입술에 접촉할 수 있어야 한다. 또한 입술을 오므리거나 평평하게 하는 훈련을 주요 내용으로 한다. 따라서 입을 닫고 오므리는 작용을 하는 입둘레근(orbicularis oris muscle)의 힘과 긴장도를 향상시키는 훈련을 한다.

이 장에서 기술된 입술 훈련들은 입술 다물기와 오므리기 근육의 다양한 힘과 긴장도, 움직임을 훈련하도록 구성되어 있다. 또한 양순음과 최종 결합하여 훈련하므로 이와 같은 문제로 인한 양순음 산출의 오류를 제거 또는 감소시킨다.

목표

- 입술 다물기를 지각한다.
- 입술 다물기를 위한 입술 근육의 힘과 긴장도를 향상시킨다.
- 말소리 /ㅂ/, /ㅃ/, /ㅍ/, /ㅁ/를 산출할 때 입술을 다문다.
- 단어 수준에서 /ㅂ/, /ㅃ/, /ㅍ/, /ㅁ/를 바르게 산출한다.

활동

1. 입술 인식
   - 입술 노래
   - 촉각을 통한 입술 인식하기
   - 입술 마사지를 통한 입술 인식하기

2. 입술 다물기 운동
   - 입술 다물기 노래
   - 입술을 평평하게 하여 다물었다 떼기
   - 여러 가지 피리 불기
   - 입술로 스펀지 막대 물기
   - 입술로 설압자 물고 있기
   - 다른 활동하면서 설압자 물고 있기
   - 입술 다물고 음식 씹기
   - 입술로 단추 물고 있기
   - 컵으로 물 한 모금씩 마시기

3. 음소 훈련 및 마무리
   - 허밍하기
   - 의성어 의태어를 이용한 입술 다물기
   - 양순음 노래
   - 입술 다물기 칭찬 노래

유의사항

- 훈련을 할 때 사용되는 모든 도구는 언어재활사, 교사, 혹은 부모가 다루도록 한다.
- 모든 도구는 입술근육을 훈련하기 위한 것이므로 아동의 입술 사이에 두어야 하며, 치아 사이에 두지 않도록 조심한다.
- 훈련 도구를 아동의 입술 사이에 놓을 때 입과 수평이 되는지, 아동의 머리가 일직선이 되는지, 머리나 몸체가 앞쪽으로 움직이지 않는지를 확인한다.
- 불기 훈련에서 아동이 볼을 부풀리면 치료사는 손가락으로 아동의 볼을 눌러 주고, 입술을 꼭 다물도록 아동에게 지시하면서 '볼을 부풀리지 마세요.' 라고 말한다.
- 훈련 도구를 아동의 입술에 위치시키기 전에 아동의 치아 쪽으로 입술 말기를 제거시키기 위해 '음' 이라고 말하게 하거나, 두 입술을 내밀게 하거나 입술 떨기를 시킨다.

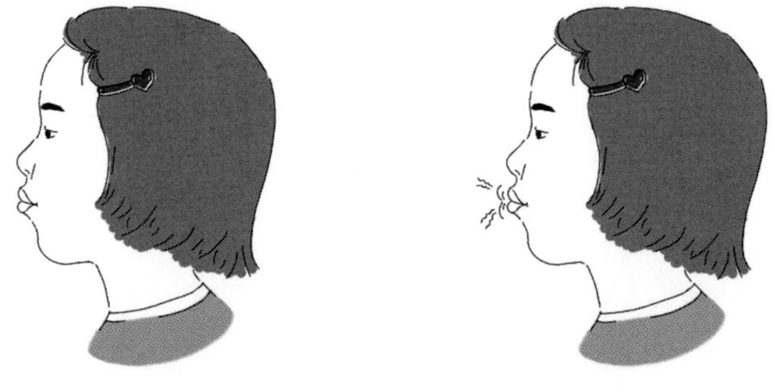

입술 내밀기 입술 떨기

1. 입술 인식

♫ 입술 노래

목표 ● 노래와 율동을 통하여 입술을 인식한다.

■ '입술 노래'를 부른다.

입술 노래

원곡: 비행기

■ '입술 노래'를 부르면서 윗입술을 두드리는 동작과 아랫입술을 두드리는 동작을 함께하며 윗입술과 아랫입술을 인식시킨다.

♫ 촉각을 통한 입술 인식하기

목표 ● 촉각 자극을 통하여 입술을 인식한다.

준비물 ● 잼이나 떠먹는 요구르트, 설압자, 위생장갑

■ 치료사는 설압자나 위생장갑을 낀 손으로 잼을 아동의 입술에 바르면서 다음과 같이 말한다.

> 나는 달콤한 딸기잼이야.
> 윗입술에서 시작해서 내가 어디로 가고 있는지 알겠니?
> 나는 지금 윗입술 끝에 있어.
> 그다음은 아랫입술로 가서 다시 입술 끝에 왔어.
> 이제 처음 출발했던 윗입술에 왔어.

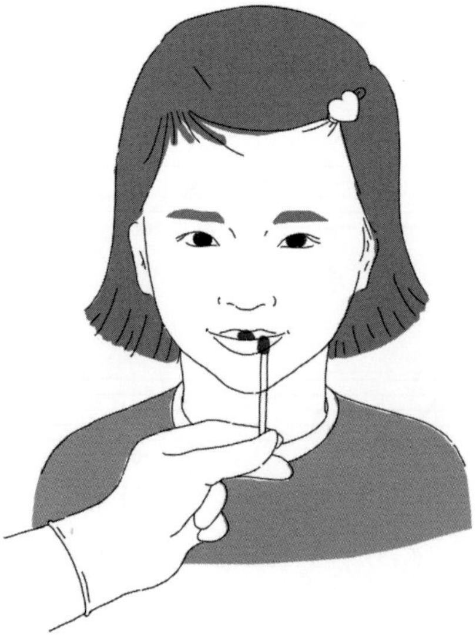

딸기잼을 윗입술 중앙에 바르기

딸기잼을 왼쪽 입꼬리에 바르기

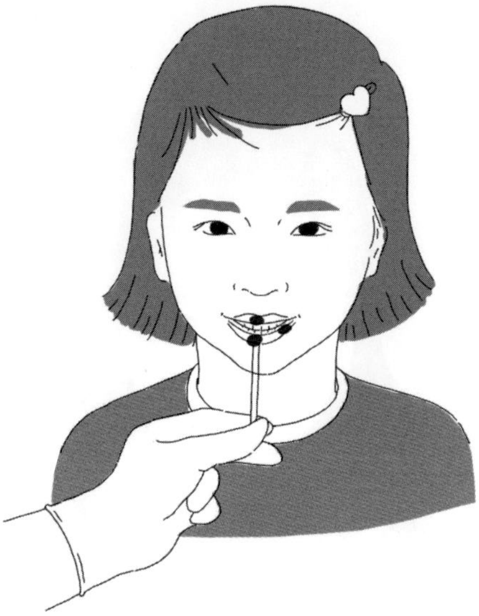

딸기잼을 아랫입술 중앙에 바르기

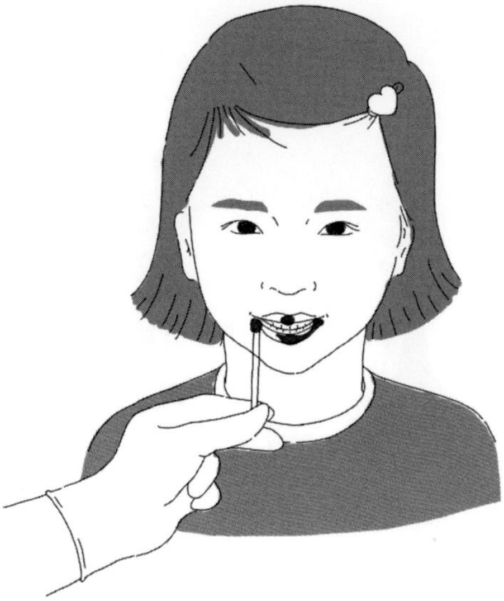

딸기잼을 오른쪽 입꼬리에 바르기

■ 아동에게 입을 다물어 입술에 묻은 딸기잼을 느끼게 한다.

■ 다음 활동으로 물휴지로 딸기잼을 닦아줄 때에도 다음과 같이 말한다.

> 나는 촉촉한 휴지야.
> 윗입술에서 시작해서 내가 어디로 가고 있는지 알겠니?
> 나는 지금 윗입술 끝에 있어.
> 그다음은 아랫입술로 가서 다시 입술 끝에 왔어.
> 이제 처음 출발했던 윗입술에 왔어.

윗입술 중앙을 닦기

왼쪽 입꼬리를 닦기

아랫입술 중앙을 닦기

오른쪽 입꼬리를 닦기

임상노트

- 아동이 혀로 잼을 핥지 않도록 한다.
- 입술을 다물고 있을 때 턱이 움직이지 않는지 확인한다.
- 잼 대신 떠먹는 요구르트를 이용할 수도 있다.

♫ 입술 마사지를 통한 입술 인식하기

목표 ● 입술 마사지를 통하여 입술을 인식한다.

준비물 ● 거친 질감과 부드러운 질감의 천 조각, 따뜻한 물, 차가운 물, 진동칫솔

① 치료사는 엄지와 검지를 이용하여 아동의 입 주위를 입술이 닫히는 방향으로 마사지한다.

② 다른 질감을 가진 천조각(부드러운 천과 거친 천)을 준비한다.

③ 다른 온도(따뜻한, 차가운)의 물을 이용하여 아동의 입술을 마사지한다.

④ 진동칫솔을 이용하여 입술을 마사지한다.

2. 입술 다물기 운동

♫ 입술 다물기 노래

목표 ● 노래와 율동을 통하여 입술 다물기를 연습한다.

■ '입술 다물기 노래'를 부른다.

입술 다물기 노래

원곡: 우리 모두 다같이

♫ 입술을 평평하게 하여 다물었다 떼기

목표	● 양순음 산출을 위하여 두 입술을 다문다.
준비물	● 립스틱, 풍선, 종이(입술 모양이 인쇄된)

◆ 입술을 평평하게 하여 뽀뽀하기

① 치료사는 입술을 평평하게 하여 뽀뽀하는 시범을 아동에게 보여 준다.

② 아동은 치료사의 동작을 모방한다.

③ 이 활동을 5회 실시한다.

임상노트

• 입술로 치아를 말지 않도록 주의한다.

◆ 입술 찍기

① 치료사는 입술에 립스틱을 바르고 입술을 다문 상태에서 풍선에 입술을 찍는다.

② 아동에게 립스틱을 발라 주고, 입술을 다물고 있게 한 후, 치료사가 풍선으로 입술을 찍어 보여 준다.

③ 다음은 입술 모양이 인쇄된 종이에 입술 찍기 놀이를 한다.

④ 이 활동을 5회 실시한다.

입술 찍기

♫ 여러 가지 피리 불기

목표	● 불기 활동을 통하여 입술 다물기를 한다.
준비물	● 마술 피리, 비눗방울

◆ 끝이 납작한 마술 피리 불기

① 아동에게 마술 피리의 납작한 끝을 입술로 물게 한다.

② 치료사가 피리를 구부려 피리의 다른 쪽 끝을 아동의 얼굴의 각 부위로 향하게 하고, 아동에게 피리를 가볍게 불게 한다.

③ 치료사는 아동에게 '눈, 볼, 이마에서 공기를 느낄 수 있지.' 라고 말한다.

마술 피리 끝을 볼로 향하게 하여
공기를 인식하기

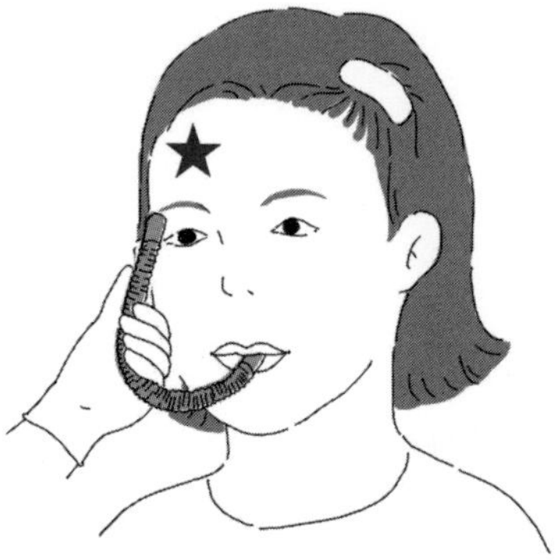

마술 피리 끝을 이마로 향하게 하여
공기를 인식하기

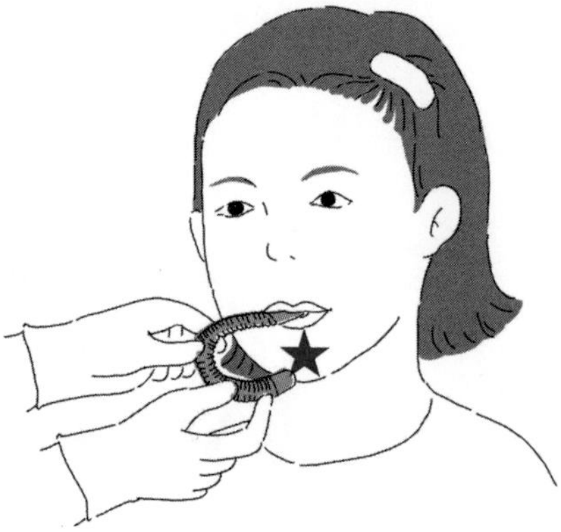

마술 피리 끝을 턱으로 향하게 하여
공기를 인식하기

임상노트

• 마술 피리 불기는 입술 다물기 훈련과 동시에 구강의 기류에 대한 지각을 촉진시킨다.

◆ **끝이 납작한 피리 불기**

① 피리를 아동의 입술 사이에 놓고 아동에게 3회 불게 한다.

② 피리는 입술을 조그맣고 단단하게 오므려야 공기가 세게 나오면서 소리가 난다.

③ 볼이 부풀려지면 입술을 더 단단하게 물고 공기를 더 들이마시게 한다.

◆ **끝이 납작한 트럼펫 호루라기 불기**

① 아동의 입술 사이에 트럼펫 호루라기를 놓는다.

② 길고 천천히 부드러운 호흡으로 트럼펫 호루라기를 불게 한다.

③ 소리가 크고 삑삑거리면 불기를 세게 하는 것이므로 부드럽게 불게 한다.

④ 3초 동안 불기로 시작해서 5초까지 불기 시간을 점차 증가시킨다.

3초 동안 불기 → 4초 동안 불기 → 5초 동안 불기

트럼펫 호루라기 불기

임상노트

• 여러 가지 피리 불기 활동은 불기 훈련이 아니라 입술 다물기를 촉진하기 위한 활동이다.

♫ 입술로 스펀지 막대 물기

목표 ● 입술 다물기를 반복적으로 시행한다.

준비물 ● 스펀지 막대

◆ 스펀지 막대 물기

① 아동에게 스펀지 막대의 스펀지 부분을 양 입술로 물게 한다.

② 5까지 셀 동안 입술로 스펀지 막대를 물고 있는다.

③ 이 활동을 5회 실시한다.

◆ 스펀지 막대 물었다 놓기

① 아동의 입술 사이에 스펀지 막대를 둔다.

② 스펀지 막대를 입술로 물었다 놓았다를 5회 실시하게 한다.

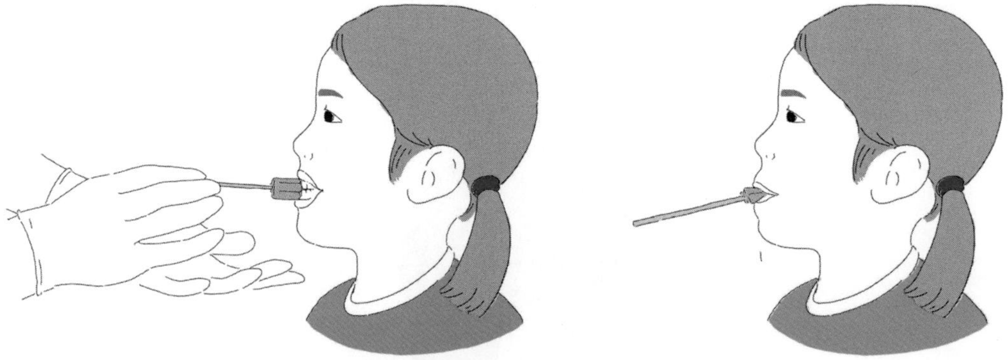

입술로 스펀지 막대 물고 유지하기

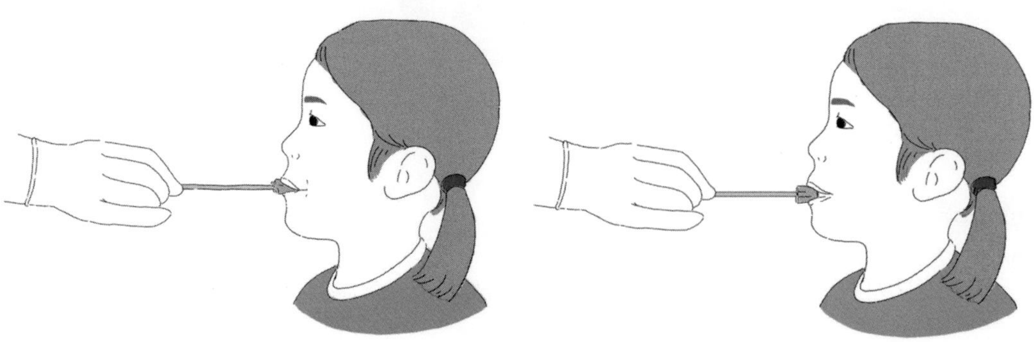

스펀지 막대 물었다 놓았다 하기

♫ 입술로 설압자 물고 있기

목표 ● 입술 다물기를 유지한다.

준비물 ● 설압자, 고무밴드

◆ 입술로 설압자 물고 있기

① 아동의 입술에 설압자를 수평이 되게 놓는다.

② 5까지 셀 동안 설압자를 다물고 있게 한다.

③ 설압자를 물고 있는 시간을 5초에서 점차 1분까지 늘린다.

5초 동안 물고 있기 → 10초 동안 물고 있기 → …… → 60초 동안 물고 있기

설압자 물기

설압자 여러 개 물기

임상노트

- 아동의 수준에 따라서 설압자 두께를 점진적으로 증가시킨다(2개, 3개, 4개).
- 어린 아동의 경우 설압자의 양 옆에 리본을 길게 달아도 된다.

◆ **입술로 비행기 설압자 물고 있기**

① 두 개의 설압자 사이에 하나의 설압자를 십자 모양으로 끼워 비행기 모양을 만들고 고무줄로 모양을 고정한다.

② 두 막대의 짧은 쪽을 아동의 양 입술로 물게 하고, 다른 쪽은 치료사가 손으로 잡아 두 막대를 붙인다.

③ 치료사가 손으로 두 막대를 잡아 주는 활동을 10회 실시한다.

④ 난이도를 높이기 위해서 아동이 비행기의 앞 쪽을 물고 있는 동안 치료사는 비행기 꼬리 쪽의 두 막대를 잡고 올리거나 내린다.

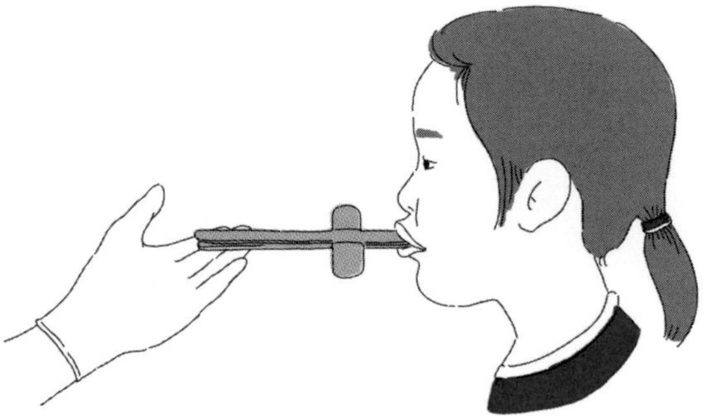

비행기 설압자 물기
(비행기 설압자의 긴쪽 끝이 벌어진다)

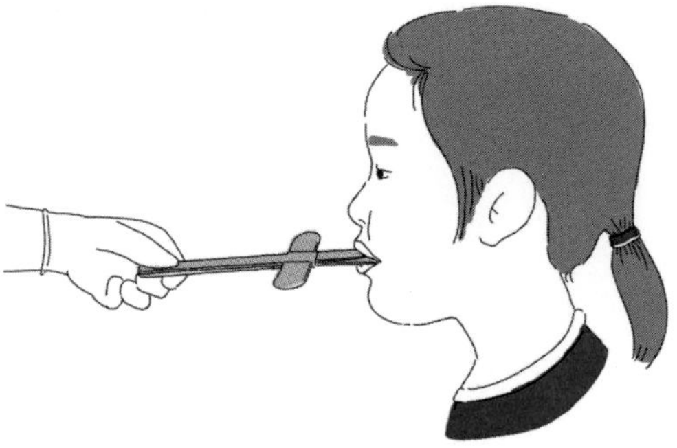

치료사가 설압자 긴쪽 끝 잡기
(아동의 입술이 벌어진다)

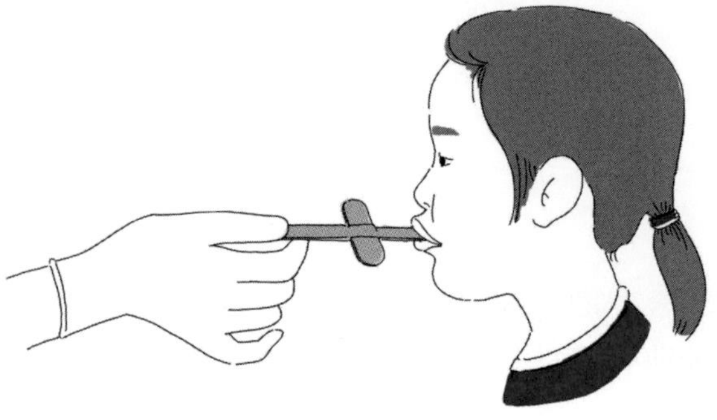

치료사가 비행기 설압자 올리기

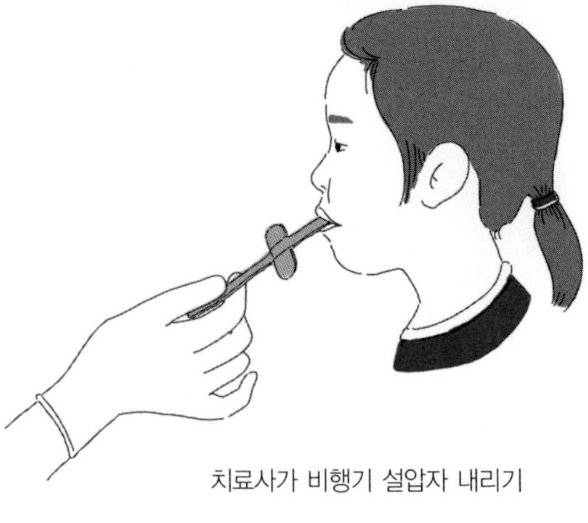

치료사가 비행기 설압자 내리기

◆ **입술로 움직이는 설압자 물고 있기**

① 아동의 입술 사이에 설압자를 두고 다른 한쪽은 치료사가 잡는다.

② 아동이 입술로 설압자를 물고 있는 동안 치료사는 설압자를 위아래로 움직인다.

③ 이 활동을 5회 실시한다.

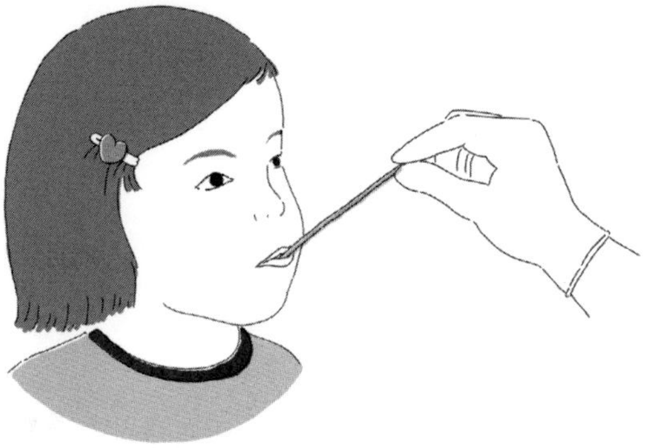

위로 올리는 설압자 물고 있기

아래로 내리는 설압자 물고 있기

♫ 다른 활동하면서 설압자 물고 있기

목표	● 다른 활동 상황에서도 입술 다물기를 일정하게 유지한다.
준비물	● 설압자, 컵, 구슬, 퍼즐, 블록 등

① 아동이 두 입술로 설압자를 물고 있는 동안 손 활동을 하게 한다.

② 컵에 공 넣기, 종이에 원 그리기, 블록 두 개 쌓기 등과 같이 짧고 쉬운 것에서부터 시작해서 운동 과제의 난이도를 점점 더 어렵게 하도록 한다.

③ 설압자 없이 입술 다물기를 유지하게 한다.

설압자 물고 퍼즐 맞추기

설압자 물고 컵에 구슬 담기

♫ 입술 다물고 음식 씹기

목표 ● 씹기 활동을 하면서 입술 다물기를 유지한다.

준비물 ● 과자

① 아동에게 작은 크기의 과자를 준다.
② 입술을 다물고 과자를 5회 씹게 한다.
③ 다음으로 입술을 다물고 과자를 10회 씹게 한다.
④ 입술 다물고 씹기가 이루어졌을 때 강화한다.

♫ 입술로 단추 물고 있기

목표	● 입술 다물기를 위한 입술 근육을 강화한다.
준비물	● 치실, 단추(크기별)

① 실로 단추를 묶는다.
② 아동이 입술로 단추를 물고 있게 한다.
③ 아동이 입술로 단추를 물고 있는 동안, 치료사는 아동이 단추를 물고 있을 수 있을 정도의 힘을 주어 당긴다.
④ 이 활동을 10회 반복한다.

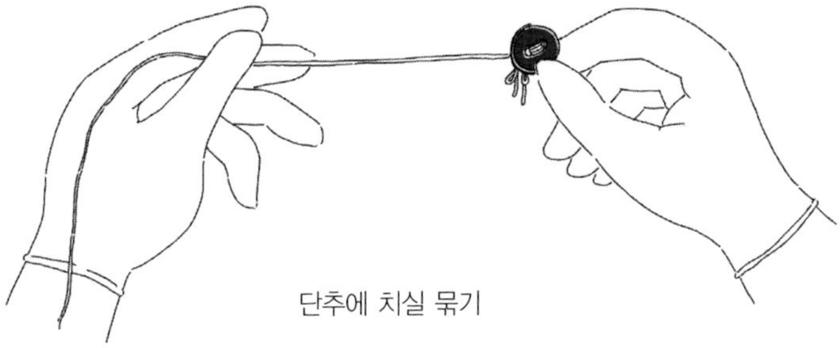

단추에 치실 묶기

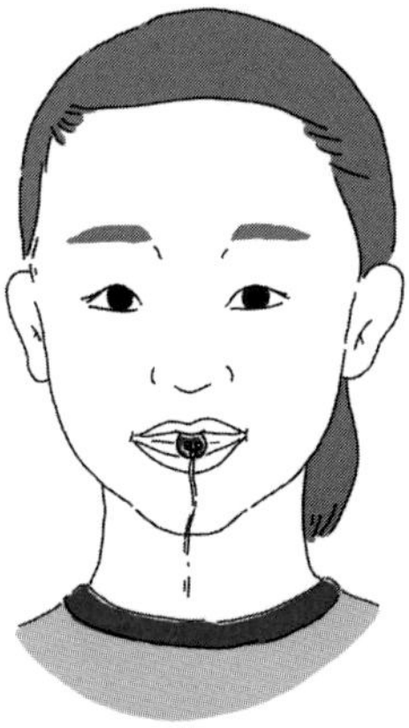

입술로 단추 물기

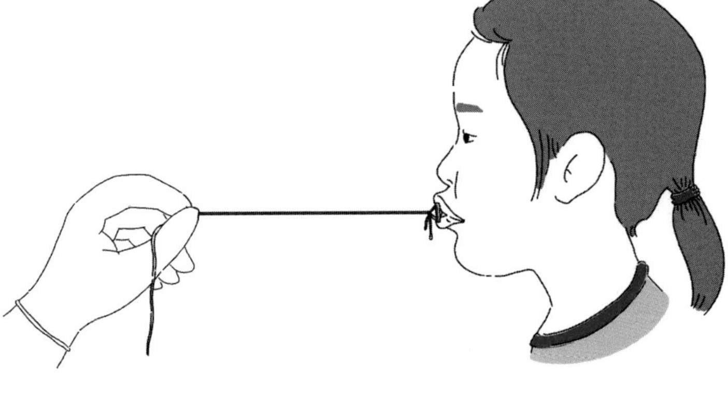

단추 당기기

임상노트

• 난이도를 증가시키기 위해서 단추의 크기를 점점 더 작게 한다.

♫ 컵으로 물 한 모금씩 마시기

목표 ● 반사적인 촉진방법을 통하여 입술을 다문다.

준비물 ● 종이컵, 물

① 종이컵(또는 주둥이가 없는 컵)을 사용한다.
② 컵에 물을 1/3 정도 담는다.
③ 컵을 아동의 아랫입술에 대고 기울였다가 입술을 다물도록 촉구한 다음 재빨리 빼낸다.
④ 아동이 입술을 닫지 못하면 치료사는 아랫입술 아래에 손가락을 놓고 입술 다무는 것을 촉구한다.
⑤ 이 활동을 5회 실시한다.

물컵을 아랫입술에 대기

기울어진 컵에 입술을 다물기

컵을 떼어도 입술 다물기를 유지하기

3. 음소 훈련 및 마무리

♫ 허밍하기

목표 ● 양순음을 발음할 때 입술을 다문다.

준비물 ● 글자카드

① 아동이 좋아하는 노래를 허밍하게 한다.
② 허밍하는 동안 입술을 계속 다물고 있는다.
③ 허밍 끝에 모음을 연결하여 '음~~~~마' 가 되도록 한다.
예) /음~~마/, /음~~메/, /음~~미/, /음~~모/, /음~~무/

임상노트

• 입술 다물고 허밍하기는 입술 다물기 동작에서 양순음 산출로 옮겨가는 과정의 활동이다.

♫ 의성어 · 의태어를 이용한 입술 다물기

목표 ● 양순음이 포함된 의성어 · 의태어를 산출하면서 입술 다물기를 한다.

준비물 ● 의성어 · 의태어 단어 카드

■ 양순음이 들어가는 의성어 · 의태어 카드를 제시하고 의성어, 의태어를 발음하면서 입술 다물기를 유도한다.

/ㅁ/ 음매, 음무, 멍멍, 맴맴
/ㅂ/ 부우~웅, 뱅글뱅글, 빙글빙글, 방글방글
/ㅃ/ 뿡뿡, 삐약삐약, 삐리삐리, 빵빵
/ㅍ/ 퐁당퐁당, 퐁퐁퐁, 어푸, 팔랑팔랑

♫ 양순음 노래

목표 ● 노래와 율동을 통하여 양순음을 산출한다.

■ '양순음 노래'를 부른다.

양순음 노래

원곡: 리리리 자로

♫ 입술 다물기 칭찬 노래

목표 ● 노래와 율동을 통하여 입술 다물기 활동을 정리한다.

■ '입술 다물기 칭찬 노래'를 부른다.

입술 다물기 칭찬 노래

원곡: 똑같아요

임상노트

- '입술 다물기 칭찬 노래'는 회기를 마칠 때 마침 노래로 이용할 수 있다. 훈련을 실시하는 동안 치료사는 아동의 조음기관 운동을 관찰한다.

Program

05

치조음 발음을 위한 혀끝 올리기 훈련

1. 혀끝 인식
2. 혀 운동
3. 음소 훈련 및 마무리

치조음을 발음하기 위하여
혀끝 올리기를 훈련해요!

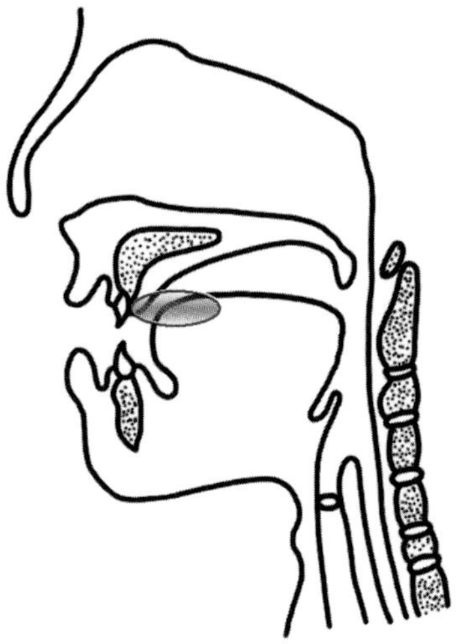

- 치조음은 윗 치아와 구개의 경계 지점인 치조에서 발음합니다.
- 치조음에는 /ㄷ/, /ㄸ/, /ㅌ/, /ㄴ/, /ㅅ/, /ㅆ/, /ㄹ/가 있습니다.

치조음 /ㄷ/, /ㄸ/, /ㅌ/, /ㄴ/, /ㅅ/, /ㅆ/, /ㄹ/ 중 /ㄷ/, /ㄸ/, /ㅌ/, /ㄴ/는 조음 기관의 능동부에 해당하는 혀끝이 치조에 닿았다가 떨어지면서 만들어지는 소리다. 이와 같은 치조음을 산출하기 위해서 혀끝에 대한 명확한 인식이 요구된다. 또한 혀끝의 일정한 힘과 긴장도를 유지할 수 있어야 한다. 이에 따라 이 장에서는 치조음 산출을 위한 혀끝의 힘과 긴장도를 증가시키는 훈련을 주요 내용으로 한다.

치조음은 혀 앞쪽에 해당하는 혀끝을 치조 위치까지 올릴 수 있어야 한다. 따라서 혀끝을 올리는 데 작용하는 혀위세로근(superior longitudinal muscle)과 혀를 내미는 턱끝혀근(genioglossus muscle)의 힘과 긴장도를 증가시키는 훈련을 실시한다. 그리고 치조음을 산출하기 위하여 혀끝을 내밀어 뾰족하게 만들고 혀끝을 말아 치조까지 올리는 훈련을 실시한다.

이 장에서 기술된 혀끝 훈련들은 혀끝과 가장자리 근육의 다양한 힘과 긴장도, 움직임을 훈련하도록 구성되어 있다. 또한 치조음과 최종 결합하여 훈련하므로 이와 같은 문제로 인한 치조음 산출의 오류를 제거 또는 감소시킨다.

목표

- 혀끝을 지각한다.
- 혀끝을 올리는 근육의 힘과 긴장도를 증가시킨다.
- 치조음 /ㄷ/, /ㄸ/, /ㅌ/, /ㄴ/를 산출할 때 혀끝을 올린다.
- 단어 수준에서 /ㄷ/, /ㄸ/, /ㅌ/, /ㄴ/를 바르게 산출한다.

활동

1. 혀끝 인식
   - 혀 노래
   - 혀끝 인식하기
   - 혀끝으로 입술 핥기

2. 혀끝 올리기 운동
   - 혀 운동 노래
   - 혀끝 올리기 노래
   - 혀 내밀기
   - 혀끝으로 설압자 밀기
   - 스펀지 막대로 혀 아래에서 올려 주기
   - 혀끝 말아 올리기
   - 혀끝에 과자를 올려 치조에 갖다 대기
   - 혀끝을 입천장에 닿게 하기
   - 카주 물고 /두, 두, 두/ 말하기
   - 설압자를 어금니에 물고 /라, 라, 라/ 말하기
   - 혀를 치조에 대고 여러 소리 내기

3. 음소 훈련 및 마무리
   - 치조음 노래
   - 혀끝 올리기 칭찬 노래

유의사항

- 활동에서 사용하는 모든 도구는 언어재활사, 교사, 보조자, 부모가 다루도록 한다.
- 혀 운동을 실시할 때 아동의 머리와 턱이 움직이지 않도록 하는 것이 중요하다. 혀를 올릴 때 머리가 뒤로 젖혀져서는 안 되고, 턱을 앞으로 내밀어서도 안 된다. 만약 아동의 머리가 뒤로 젖혀진다면, 머리를 고정시키기 위해 손으로 아동의 머리 뒤를 받쳐 준다. 만약 아동의 턱이 앞으로 나온다면 손가락 끝으로 아동의 턱을 살짝 밀어 준다.
- 입을 벌리고 혀의 긴장 풀기 훈련을 할 때, 아동이 입을 크게 벌리고 있는지를 확인하여, 아동의 혀가 말리거나, 앞으로 나오거나, 아랫니 위에 얹혀 있지 않도록 한다.
- 혀끝 올리기를 실시하기 전에 아동은 혀 옆으로 움직이기를 할 수 있어야 한다. 아동이 혀를 옆으로 움직일 수 없다면, 혀 옆으로 움직이기 활동을 먼저 실시한다.

1. 혀끝 인식

♫ 혀 노래

목표 ● 노래와 율동을 통하여 혀를 인식한다.

■ '혀 노래'를 부른다.

■ 혀 노래의 1절은 혀의 전후, 즉 혀끝과 혀 뒷부분에 대한 인식 활동이고, 2절은 혀의 양 측면에 대한 인식 활동이다.

혀 노래

원곡: 생일 축하 합니다

♫ 혀끝 인식하기

목표 ● 혀끝을 인식한다.

준비물 ● 설압자, 잼 또는 떠먹는 요구르트, 거울, 혀 모형, 스티커

① 아동에게 혀를 내밀게 하고 혀끝에 떠먹는 요구르트를 바른다.

② 떠먹는 요구르트를 바른 부분이 '혀끝'이라고 말해 준다.

③ 치료사의 혀끝에 떠먹는 요구르트를 발라보게 한다.

④ 치료사는 혀끝을 상하좌우로 움직이면서 아동에게 혀끝이 어디로 움직이는지 이야기하게 한다.

- 혀끝이 올라갔어요.
- 혀끝이 내려갔어요.
- 혀끝이 오른쪽으로 갔어요.
- 혀끝이 왼쪽으로 갔어요.

⑤ 혀 모형의 혀끝 위치에 스티커를 붙여 보게 한다.

혀끝 올리기

혀끝 내리기

혀끝 오른쪽으로 하기

혀끝 왼쪽으로 하기

♫ 혀끝으로 입술 핥기

목표 ● 혀끝을 입술 위로 올린다.

준비물 ● 잼, 거울

① 훈련을 할 때 거울을 사용하는 것이 좋다.
② 아동의 입 주변(윗입술, 아랫입술, 입꼬리)에 잼을 조금씩 바른다.
③ 아동에게 혀끝으로 잼을 핥아먹도록 시킨다.
④ 아동에게 오른쪽 입꼬리부터 시작하여 왼쪽 입꼬리, 아랫입술, 윗입술의 순서로 하게 한다.
⑤ 이 활동을 2회 실시한다.

혀끝으로 오른쪽 입꼬리 핥기

혀끝으로 왼쪽 입꼬리 핥기

혀끝으로 윗입술 핥기

혀끝으로 아랫입술 핥기

임상노트

- 혀를 움직일 때 머리가 동시에 따라 움직이지 않도록 주의한다.

2. 혀 운동

♫ 혀 운동 노래

목표	● 노래와 율동을 통하여 혀 운동을 한다.

■ '혀 운동 노래'를 부른다.

■ '혀 운동 노래'의 1절은 혀의 전후 운동, 2절은 혀의 상하 운동, 3절은 혀의 좌우 운동에 대한 활동이다.

혀 운동 노래

원곡: 짝짜꿍

♫ 혀끝 올리기 노래

목표 ● 노래와 율동을 통하여 혀끝 올리기 운동을 한다.

■ '혀끝 올리기 노래'를 부른다.

혀 끝 올리기 노래

원곡: 우리 모두 다같이

♫ 혀 내밀기

목표 ● 혀를 내밀어 유지한다.

준비물 ● 설압자, 고리 모양 과자, 거울

① 아동에게 혀를 내밀게 한다.

② 설압자를 가지고 혀의 양 측면을 뒤에서 앞으로 강하고 빠르게 쓸어 준다.

③ 이 활동을 3회 반복한다.

혀의 측면을 설압자로 쓸어내리기

◆ **혀 내밀어 유지하기**

① 혀를 뾰족하게 만든 상태에서 혀끝에 고리 모양 과자를 놓는다.

② 3~5초 동안 유지하게 한다.

③ 이 활동을 5회 실시한다.

④ 이 훈련을 하는 동안 거울을 이용하여 아동이 혀의 움직임을 볼 수 있게 한다.

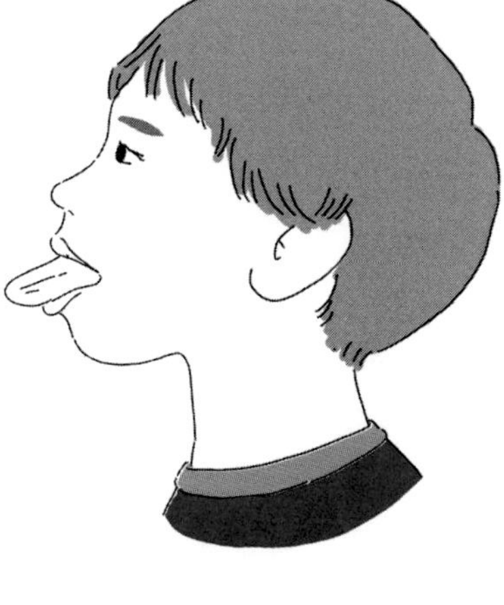

혀 내밀기

과자 놓고 유지하기

♫ 혀끝으로 설압자 밀기

목표 ● 혀끝의 힘을 강하게 한다.

준비물 ● 설압자, 막대 모양 과자, 잼

◆ 다문 입술 사이로 혀 내밀기

① 아동에게 입술을 다물게 하고, 입술 앞에 설압자를 댄다.
② 아동에게 입술 사이로 혀를 내밀어 설압자를 바깥쪽으로 밀어내게 한다.
③ 아동이 혀를 완전히 내밀 수 있을 만큼 충분히 입을 벌렸는지 확인한 후, 설압자로 혀를 살짝 민다.
④ 아동의 혀가 눌리거나 말린다면 누르는 힘을 약하게 한다.
⑤ 혀로 미는 힘이 증가하면 더 세게 누른다.
⑥ 이 활동을 5회 실시한다.

◆ 입을 벌리고 혀 내밀기

① 아동에게 중간 정도로 입을 벌리게 한다.
② 설압자를 아동의 입 앞쪽에 두고, 입술에 닿지 않도록 들고 있는다.
③ 아동에게 혀를 '힘있고 곧게' 내밀어 혀끝이 설압자에 닿게 하도록 한다.
④ 혀가 치아 위에 놓여 있지 않는지 확인한다.
⑤ 이 활동을 5회 실시한다.

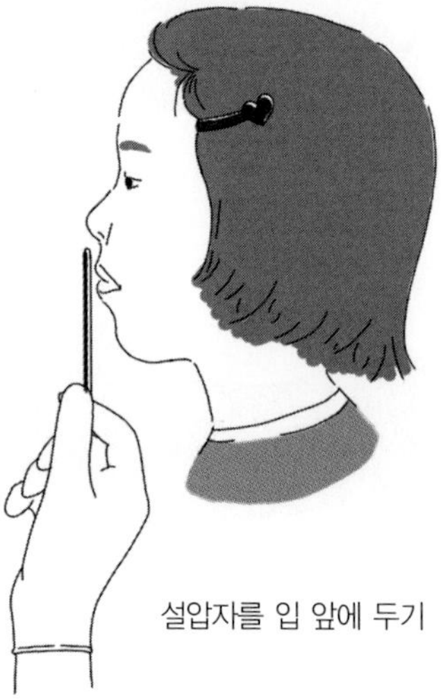
설압자를 입 앞에 두기

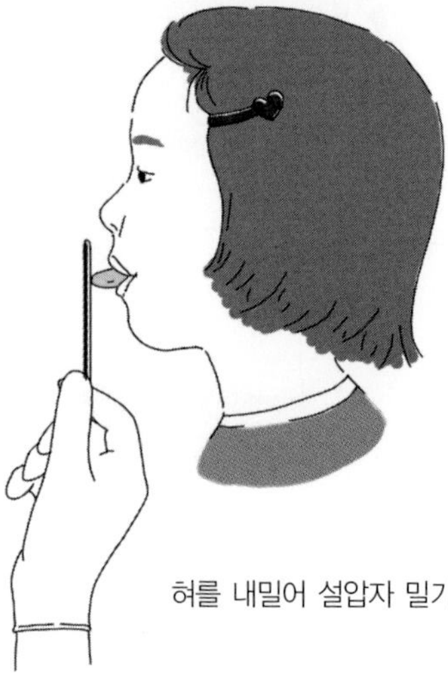
혀를 내밀어 설압자 밀기

◆ 막대에 묻은 잼 핥아 먹기

① 막대 모양 과자 한쪽 면에 잼을 바른다.

② 막대 모양 과자를 아동의 입 앞에 둔다.

③ 아동에게 혀를 내밀어 막대 모양 과자에 묻은 잼을 핥아 먹게 한다.

④ 이 활동을 5회 실시한다.

막대 모양 과자에 잼 바르기

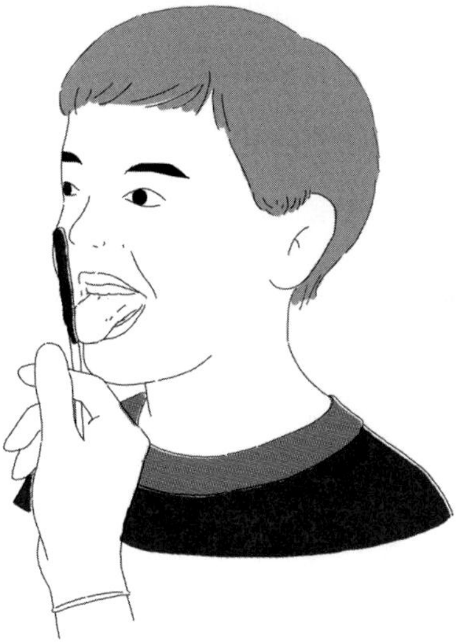

혀끝으로 잼을 핥아먹기

임상노트

• 혀가 움직일 때 머리가 따라 움직이지 않게 한다.

♫ 스펀지 막대로 혀 아래에서 올려 주기

목표 • 신체적 촉구를 받아 혀끝을 올린다.

준비물 • 스펀지 막대

① 아동에게 혀를 내밀어 이완하게 한다.
② 아동에게 혀를 들어 올려 치조에 붙이고 있게 한다.
③ 혓몸 아래에 스펀지 막대를 대고 혀를 받쳐 준다.
④ 혀를 치조에 대고 10초 동안 유지하게 한다.
⑤ 이 활동을 5회 실시한다.

혀를 치조에 대기

스펀지 막대로 혀를 받쳐 주기

임상노트

- 아동의 입이 크게 벌려져 있는지 확인한다.
- 필요하다면 치료사가 손을 아동의 턱에 대고 아동이 입을 벌리고 있도록 도와준다.
- 혀를 전혀 올릴 수 없는 아동의 경우, 이 활동이 매우 유익하다. 아동이 혀를 올릴 수는 있는 시간이 1~2초가 되지 못하는 경우에는 보조가 필요하다.

♫ 혀끝 말아 올리기

목표 ● 혀끝을 올린다.

준비물 ● 일회용 치실, 커피 젓개

◆ 치실 말아 올리기

① 아동의 입 앞에 일회용 치실을 두고 아동에게 혀끝을 일회용 치실 사이에 끼우도록 시킨다.

② 아동에게 혀끝으로 치실을 감아올리게 한다.

③ 치료사가 일회용 치실 손잡이를 잡아당기면 아동은 일회용 치실이 빠지지 않도록 혀에 힘을 주어 당긴다.

④ 이때 치료사는 일회용 치실 손잡이를 쥐고 있는 손을 놓치지 않도록 주의한다.

⑤ 이 활동을 5회 실시한다.

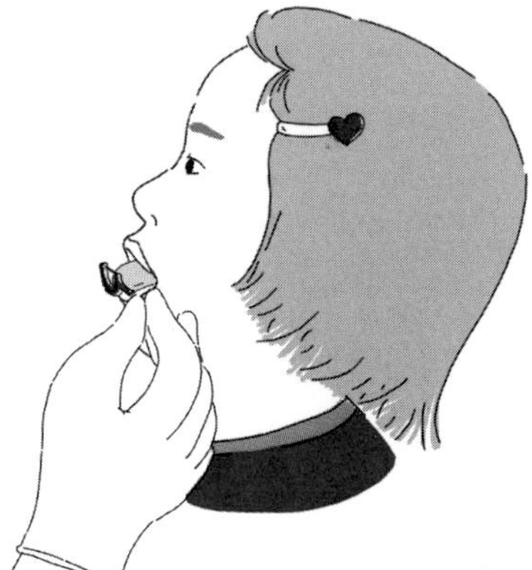

혀 앞에 일회용 치실 두기

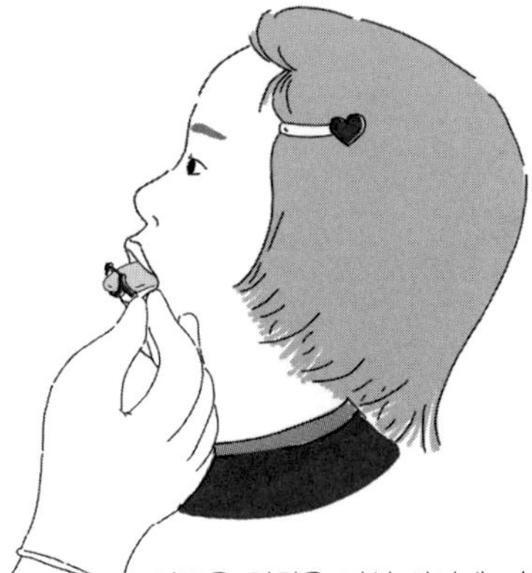

혀끝을 일회용 치실 사이에 끼우기

치료사가 일회용 치실을
살짝 당기기

◆ **커피 젓개 말아 올리기**

① 아동에게 입을 벌리라고 한다.

② 커피 젓개를 가로로 하여 입술의 양쪽 끝에 올려 둔다.

③ 커피 젓개의 양쪽 끝을 잡은 채, 아동이 혀로 커피 젓개를 말도록 한다.

④ 그 자세를 몇 초간 유지하게 한다.

3초 → 5초 → 7초 → 10초

⑤ 이때 아동의 입은 벌려져 있어야 한다.

⑥ 이 활동을 5회 실시한다.

커피 젓개를 가로로 입술에 올려 두기

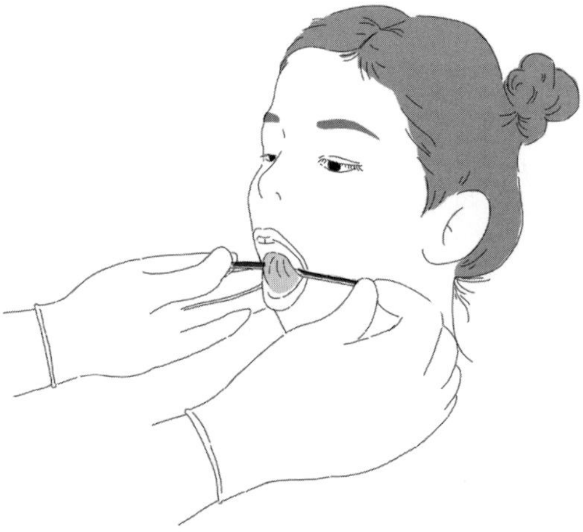

아동이 혀끝으로 커피 젓개를 말아 올리기

커피 젓개의 양쪽 끝을 당기기

♫ 혀끝에 과자 올려 치조에 갖다 대기

목표	● 혀끝을 올려 치조에 닿을 수 있다.
준비물	● 설압자, 과자

◆ 혀 휴식 자세

① 아동에게 혀의 휴식 자세를 설명한다.

> "우리는 이제 어떻게 하면 혀가 편안한가를 배울 거예요. 우리는 그것을 '휴식 자세(rest position)' 라고 합니다. 이를 가볍게 붙이고, 양 입술을 다무세요. 혀는 앞니 바로 뒤 입천장에 닿도록 해요. 이 위치가 혀의 '휴식 지점'이예요. 혀가 윗니에 닿았는지 확인하세요."

② '휴식 자세'를 설명하고 나서, 아동에게 혀를 내밀도록 지시한다.

③ 혀끝에 고리 모양의 과자를 올려 입을 다물고 혀를 '휴식 지점'으로 가져간다.

④ 이 자세를 10초 동안 유지하게 한다.

⑤ 이 활동을 5회 실시한다.

혀끝에 과자를 올리기

혀를 휴식 지점에 두기

◆ **혀 휴식 자세에서 입술 개방과 다물기**

① 아동이 거울을 보며 고리 모양 과자를 '휴식 지점'에 가져가도록 한다.
② 2초 동안 이 자세를 유지한다.
③ 이때 입술은 떨어진 채로 두고, 치아를 모아야 한다.
④ 2초 동안 이 자세를 유지하게 한다.
⑤ 입술의 개방과 다물기를 한 세트로 5회 반복한다.

휴식 자세에서 입술 벌리기

휴식 자세에서 입술 다물기

◆ **턱 위치-저모음**

① 치료사는 설압자를 물고 있다가 '하하하'라는 웃음소리를 낼 때, 설압자가 떨어지는 것을 아동에게 보여 준다.
② 아동도 같은 활동을 실시하게 하고, 설압자가 떨어질 만큼 입이 벌어진다는 것을 거울로 확인하게 한다.

♫ 혀끝을 입천장에 닿게 하기

목표	● 혀끝을 치조에 대고 앞뒤로 움직인다.
준비물	● 좁은 설압자, 잼, 거울, 스펀지 막대

◆ 입천장에 묻은 잼 핥아 먹기

① 좁은 설압자를 이용하여, 아동의 치조에 잼을 조금 바른다.

② 아동에게 혀를 앞뒤로 움직여 잼을 핥게 한다.

치조에 잼 바르기

혀를 움직여 잼 핥기

임상노트

• 잼은 크림 치즈나 생크림 등 유사한 재질의 다른 음식으로 대체할 수 있다.

◆ **혀끝을 치조에 대고 유지하기**

① 좁은 설압자를 이용하여 아동의 치조에 잼을 묻힌다.

② 아동에게 입을 벌려 혀끝을 잼에 닿게 하여 3~5초 동안 유지하게 한다.

치조에 잼 바르기

혀를 치조에 대고 있기

◆ **혀끝을 치조에 대었다 뗐다 하기**

① 스펀지 막대의 스펀지 부분을 아동의 치조에 갖다 댄다.

② 아동에게 혀를 들어 스펀지 부분을 압착하도록 한다.

③ 이 활동을 5회 실시한다.

스펀지 막대를 치조에 대기

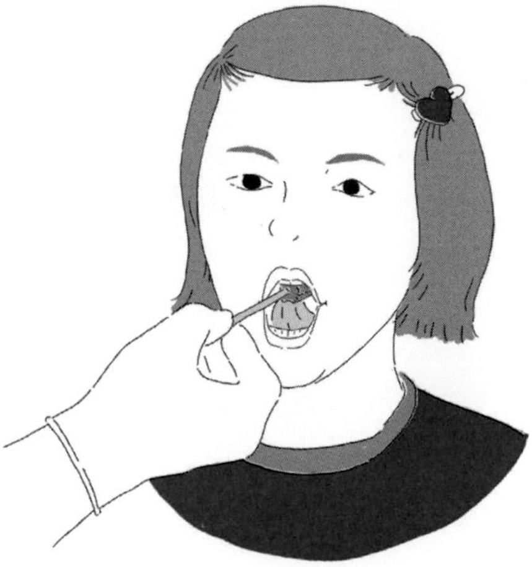

혀로 스펀지 부분 누르기

◆ **혀끝을 치조에 오래 갖다 대기**

① 아동에게 혀를 내밀게 하고, 혀끝에 고리 모양 과자를 올려 둔다.

② 아동에게 입을 크게 벌리고 과자를 '휴식 지점' 에 갖다놓고 5초 동안 유지하게 한다. 점차 유지 시간을 5초씩 증가시킨다.

③ 이때 아동의 입이 벌려져 있는지 혀에 힘이 빠지지 않았는지 확인한다.

④ 이 활동을 5회 실시한다.

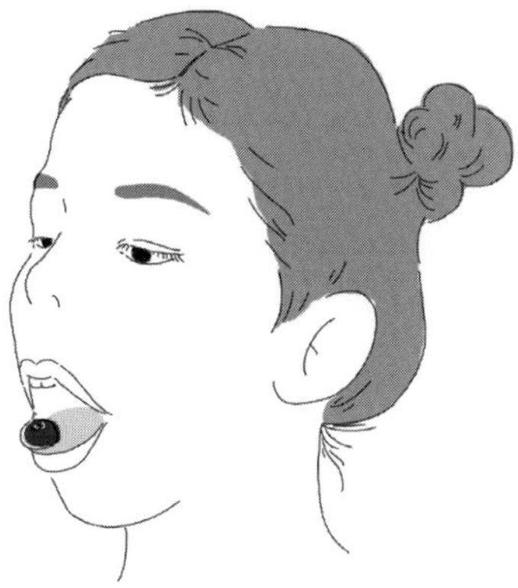

혀끝에 과자 올리기

혀를 휴식 지점에 두기

임상노트

- 난이도를 증가시키기 위해 유지 시간을 5초씩 증가시킨다.

  5초 → 10초 → 15초 …… → 60초

- 아동은 최종적으로 1분 동안 혀를 올린 채 유지할 수 있어야 한다.

♫ 카주 물고 /두, 두, 두/ 말하기

목표 ● 혀끝 올리기와 치조음을 연결한다.

준비물 ● 카주

① 아동의 양 입술 사이에 카주의 넓은 쪽 끝을 놓는다.
② 아동에게 카주 물고 /우~/ 소리를 내도록 시킨다.
③ /우/ 소리를 성공적으로 산출하면, 카주를 물고 /두~, 두~, 두/ 음절을 발화하도록 시킨다.
④ /두~/ 소리로 아동이 좋아하는 노래를 하도록 한다.
예) 카주 물고 /두~/ 소리로 '생일 축하합니다' 노래 부르기

카주 입에 물기

임상노트

• 혀는 카주 쪽으로 내밀지 말고, '휴식 지점'에 닿게 해야 한다.

♫ 설압자를 어금니에 물고 /라, 라, 라/ 말하기

목표 ● 턱을 움직이지 않고 혀끝을 올린다.

준비물 ● 설압자

① 설압자를 아동의 오른쪽 어금니 사이에 끼워 설압자의 너비만큼 입을 벌리게 한다.
② 아동이 설압자를 가볍게 물게 하고 설압자가 움직이지 않는 상태에서 /라, 라, 라/를 반복시킨다.
③ /라, 라, 라/를 3세트 실시한다.
④ 설압자 없이 /라/를 반복하도록 한다.

설압자를 물고 /라, 라, 라/ 말하기

임상노트

• 아동의 혀가 밖으로 나오면 혀끝을 '휴식 지점'에 두게 한다.

♫ 혀를 치조에 대고 여러 소리 내기

목표 ● 혀를 치조에 대고 치조음과 유사한 소리를 낸다.

준비물 ● 거울

◆ 혀 차는 소리 내기

① 아동에게 혀끝을 '휴식 지점'에 두게 한다.

② 아동에게 입천장을 따라 혀를 뒤로 끌어당겨 혀 차는 소리(우리가 시계 소리를 흉내낼 때 내는 소리 '쯧쯧쯧', '똑딱똑딱' 과 같이)를 내게 한다.

③ 이 활동을 5~10회 실시한다.

◆ 음식 먹는 소리 내기

① 아동에게 혀끝을 '휴식 지점'에 두게 한다.

② 아동에게 입술은 뗀 채로 치아를 다물도록 한다.

③ 아동에게 혀끝을 '휴식지점' 에 댄 다음 숨을 들이마시게 한다. 이때 음식을 들이키는 듯한 소리가 나는지 확인한다.

④ 이 활동을 5회 반복한다.

3. 음소 훈련 및 마무리

♫ 치조음 노래

목표 ● 노래와 율동을 통하여 치조음을 훈련한다.

■ '치조음 노래'를 부른다.

치조음 노래

원곡: 리리리 자로

♫ 혀끝 올리기 칭찬 노래

목표	● 노래와 율동을 통하여 혀끝 올리기 활동을 정리한다.

■ '혀끝 올리기 칭찬 노래'를 부른다.

혀끝 올리기 칭찬 노래

원곡: 똑같아요

Program 06

연구개음 발음을 위한 혀 뒷부분 올리기 훈련

1. 혀 뒷부분 인식
2. 혀 뒷부분 올리기 운동
3. 음소 훈련 및 마무리

연구개음을 발음하기 위하여
혀 뒷부분 올리기를 훈련해요!

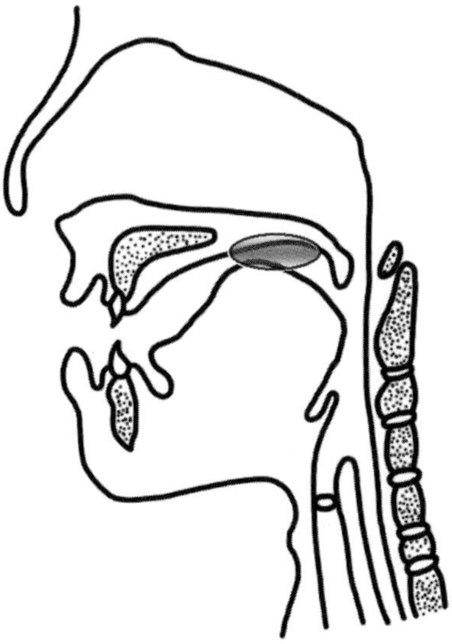

연구개음은 혀의 뒷부분과 구개의 부드러운 뒷부분인 연구개에서 발음합니다.

연구개음에는 /ㄱ/, /ㄲ/, /ㅋ/, /ㅇ/가 있습니다.

연구개음 /ㄱ/, /ㄲ/, /ㅋ/는 기본적으로 혀등이 연구개까지 거상하여 만들어지는 소리라고 할 수 있다. 연구개음을 산출하기 위해서 혀등에 대한 명확한 인식이 요구된다. 또한 혀등의 일정한 힘과 긴장도를 유지할 수 있어야 한다. 이에 따라 이 장에서는 연구개음 산출을 위한 혀 후반부 혀등의 힘과 긴장도를 증가시키는 훈련을 주요 내용으로 한다.

연구개음은 혀등을 수동부에 해당하는 조음기관인 연구개 위치까지 올릴 수 있어야 한다. 따라서 혀등을 올리는 구개거상근(palatoglossus muscle)의 힘과 긴장도를 향상시키는 훈련을 한다.

이 장에서 기술된 혀등 훈련들은 혀등 올리기와 관련된 근육의 다양한 힘과 긴장도, 움직임을 훈련하도록 구성되어 있다. 또한 연구개음과 최종 결합하여 훈련하므로 이와 같은 문제로 인한 연구개음 산출의 오류를 제거 또는 감소시킨다.

목표

- 혀의 뒷부분을 지각한다.
- 혀의 뒷부분을 올리는 근육의 힘과 긴장도를 증가시킨다.
- 말소리 /ㄱ/, /ㄲ/, /ㅋ/를 산출할 때 혀의 뒷부분을 올린다.
- 단어 수준에서 /ㄱ/, /ㄲ, /ㅋ/를 바르게 산출한다.

활동

1. 혀 뒷부분 인식
   - 혀 노래
   - 혀 뒷부분 인식하기

2. 혀 뒷부분 올리기 운동
   - 혀 운동 노래
   - 혀 뒷부분 올리기 노래
   - 여러 가지 빨기
   - 여러 가지 호루라기 불기
   - 고개를 뒤로 젖혀 /ㄱ/ 산출하기
   - 스펀지 막대로 혀등 누르고 /ㄱ/ 소리내기
   - 세 손가락을 세워서 입안으로 넣고 /그/ 소리내기
   - 기침, 하품, 가글링 하기

3. 음소 훈련 및 마무리
   - 연구개음 노래
   - 혀 뒷부분 올리기 칭찬 노래

유의사항

- 훈련에 사용하는 모든 도구는 언어재활사, 교사 혹은 부모가 다루도록 한다.
- 훈련 도구를 아동의 입술 사이에 놓을 때 입과 수평이 되는지, 아동의 머리가 일직선이 되는지, 머리나 몸체가 앞쪽으로 움직이지 않는지를 확인한다.
- 혀 움직임에 대하여 훈련할 때 아동의 머리와 턱이 안정적으로 유지하도록 하는 것이 중요하다. 아동의 혀가 측면으로 움직일 때 머리가 함께 움직이지 않도록 한다. 아동의 머리는 혀 등을 올릴 때 뒤로 젖혀지지 않도록 한다. 과도한 움직임을 감소하도록 하기 위해서 치료사는 치료사의 손을 아동 머리의 뒤나 옆에 둔다.

1. 혀 뒷부분 인식

♫ 혀 노래

목표 ● 노래와 율동을 통하여 발성을 위한 바른 자세를 익힌다.

■ '혀 노래'를 부른다.

■ 혀 노래의 1절은 혀의 전후, 즉 혀끝과 혀 뒷부분에 대한 인식 활동이고, 2절은 혀의 양 측면에 대한 인식 활동이다.

혀 노래

원곡: 생일 축하 합니다

♫ 혀의 뒷부분 인식하기

목표 ● 혀의 뒷부분을 인식한다.

준비물 ● 좁은 설압자, 떠먹는 요구르트, 거울, 혀 모형, 스티커

① 치료사가 먼저 시범을 보인다.
② 좁은 설압자로 떠먹는 요구르트를 떠서 혀의 뒷부분에 바른다.
③ 혀의 뒷부분을 아동이 보고 확인하게 한다.
④ 아동의 혀 뒷부분에 떠먹는 요구르트를 발라 준다.
⑤ 거울을 보여 주고 혀 뒷부분을 확인하게 한다.
⑥ 아동은 혀 모형에서 뒷부분에 스티커를 붙여 본다.

2. 혀 뒷부분 올리기 운동

♫ 혀 운동 노래

- '혀 운동 노래 1'을 부른다.
- '혀 운동 노래 1'의 1절은 혀의 전후 운동, 2절은 혀의 상하 운동, 3절은 혀의 좌우 운동에 대한 활동이다.

혀 운동 노래 1

원곡: 짝짜꿍

■ '혀 운동 노래 2'를 부른다.

혀 운동 노래 2

원곡: 옆에 옆에

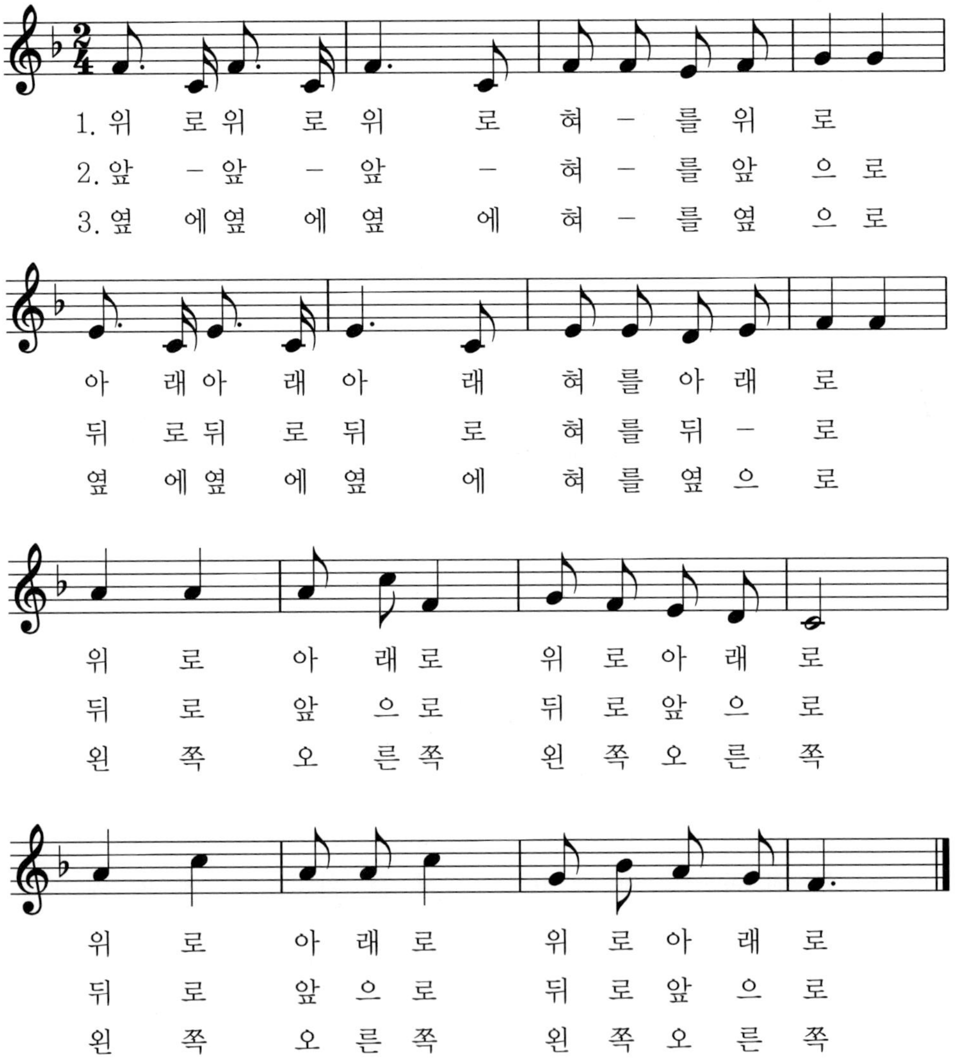

♫ 혀 뒷부분 올리기 노래

목표 ● 노래와 율동을 통하여 혀 뒷부분 올리기를 한다.

■ '혀 뒷부분 올리기 노래'를 부른다.

혀 뒷부분 올리기 노래

원곡: 우리 모두 다같이

♫ 여러 가지 빨기

목표 ● 빨기 활동을 하며 혀를 후방화한다.

준비물 ● 부드러운 젤리, 종이접시, 다양한 굵기와 길이의 빨대, 마술 피리

빨대로 젤리 빨기

◆ 빨대로 젤리 빨아 먹기

① 젤리를 종이 접시에 조금 담아 준비한다.
② 아동에게 빨대를 물고 젤리가 없어질 때까지 빨도록 한다.
③ 짧고 넓은 빨대부터 시작해서 길고 좁은 빨대를 사용하여 점차 과제의 난이도를 높인다.

마술 피리로 솜공 빨아 당겨 올리기

◆ 마술 피리로 솜공 빨아 당기기

① 치료사의 손바닥 위에 솜공을 둔다.
② 아동에게 입술로 마술피리를 물게 한다.
③ 마술 피리의 끝으로 솜공을 빨아 올리게 한다.
④ 이 동작을 5초 동안 유지하게 한다.

임상노트

- 만약 아동이 솜공을 마술 피리로 빨아 당기지 않고 분다면 '우유 마시는 것처럼 해 봐.' 라고 촉구한다.
- 솜공 대신에 작은 종이 조각, 시리얼 또는 작은 마시멜로 등을 이용하여 훈련을 다양하게 할 수 있다.
- 빨대의 직경과 길이를 달리하여 난이도를 조절할 수 있다.

♫ 여러 가지 호루라기 불기

목표 ● 불기 활동을 하면서 혀를 후방화한다.

준비물 ● 사이렌 호루라기, 마술 실 피리, 트럼펫 피리

◆ 사이렌 호루라기 불기

① 아동은 사이렌 호루라기의 매끈하고 링이 있는 쪽 끝을 입술로 문다.

② 사이렌 호루라기는 구멍이 커서 입술로 단단히 물어야 한다.

③ 볼이 부풀지 않아야 한다.

④ 다양한 패턴으로 불기 활동을 실시한다.

→ 아동에게 1회 호흡에 세 번씩 불기

→ 5초 동안 지속적으로 불기

→ 다양한 길이로 불기(길게-짧게-길게, 짧게-짧게-길게, 길게-길게-짧게 등)

사이렌 호루라기를 빨아 당겨서 소리 내기(링이 없는 쪽을 입에 문다)
사이렌 호루라기를 불어서 소리 내기(링이 있는 쪽을 입에 문다)

◆ 사이렌 호루라기 불기와 빨아 당기기

① 사이렌 호루라기의 방향을 바꾸면 빨아 당겼을 때 소리가 난다.

② 불기와 빨아 당기기를 번갈아 가며 실시한다.

◆ **트럼펫 호루라기 불기**

① 트럼펫 호루라기를 아동의 입술 사이에 놓고 3회 불게 한다.

② 트럼펫 호루라기는 입술을 조그맣고 단단하게 오므려야 공기가 세게 나오면서 소리가 난다.

③ 볼이 부풀려지면 입술을 더 단단하게 물고 공기를 들이마시게 한다.

임상노트

- 불기 활동은 입술 근육의 긴장 유지, 복식호흡
- 혀의 후방화가 필요하다.
- 한 손을 배에 얹어서 불기를 할 때마다 복부를 누르게 하면 도움이 된다.
- 치료사의 손을 아동의 손 위에 두어 아동과 함께 복부 누르기를 한다.

♫ 고개를 뒤로 젖혀 /ㄱ/ 산출하기

목표 ● 중력의 도움을 받아 혀의 뒷부분을 올린다.

준비물 ● 거울

① 아동에게 입을 벌리고 머리를 뒤로 젖혀 편안하게 천정을 바라보게 한다.

② 이 상태에서 아동에게 마른 가글링을 하게 한다.

③ 중력으로 혀는 자연스럽게 뒤로 가게 될 것이고, 이 자세에서 아동에게 /ㄱ/를 산출하게 한다.

④ 이 활동을 5회 실시한다.

고개를 뒤로 젖혀 /ㄱ/ 산출하기

♫ 스펀지 막대로 혀등을 누르고 /ㄱ/ 소리 내기

목표 ● 신체적인 촉구를 받아 혀의 뒷부분을 올린다.

준비물 ● 스펀지 막대, 칫솔

① 아동에게 입을 벌리고 혀끝을 아랫니 뒤 바닥에 놓게 한다.
② 치료사는 스펀지 막대로 혀등을 부드럽게 누른다.
③ 아동에게 /ㄱ, ㄱ, ㄱ/를 산출하게 한다.

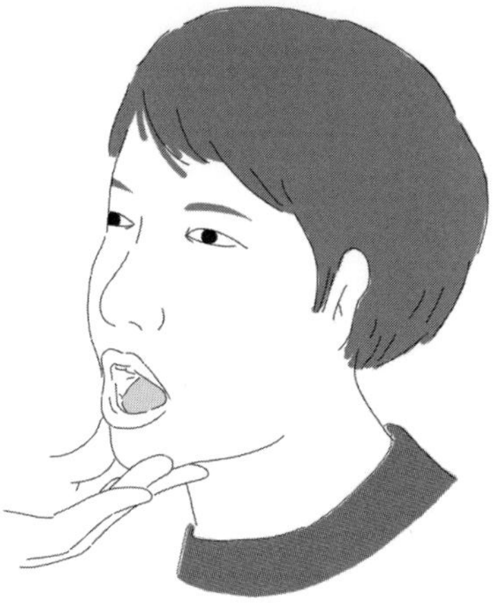

혀끝을 아랫니 뒷바닥에 두기

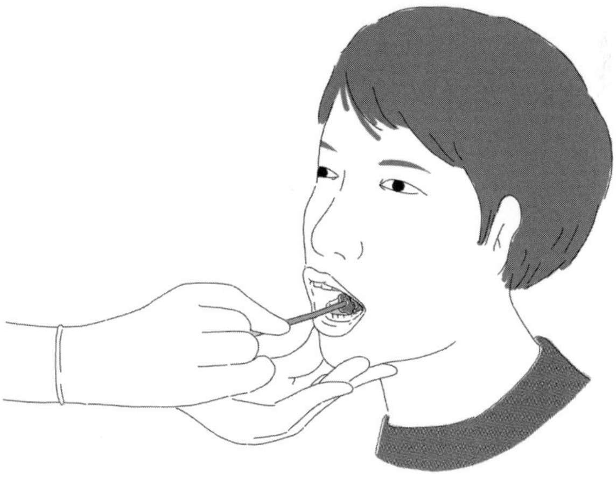

스펀지 막대로 혀등 누르고 /ㄱ/ 산출하기

임상노트

- 아동의 턱이 움직인다면 치료사가 손으로 턱을 잡아 고정시킨다.
- 스펀지 막대 대신 칫솔을 이용할 수도 있다.

♫ 세 손가락을 세워서 입안에 넣고 /ㄱ/ 소리내기

목표 ● 신체적 촉구를 받아 혀를 뒤로 보낸다.

① 아동은 가운데 세 개의 손가락을 세로로 세워서 자신의 입에 손가락의 첫째 마디가 들어갈 정도로 넣는다.

② 아동에게 아래쪽 손가락으로 혀끝을 누르면서 /ㄱ/를 5회 산출하게 한다.

③ /각, 각, 각/을 5회 산출하게 한다.

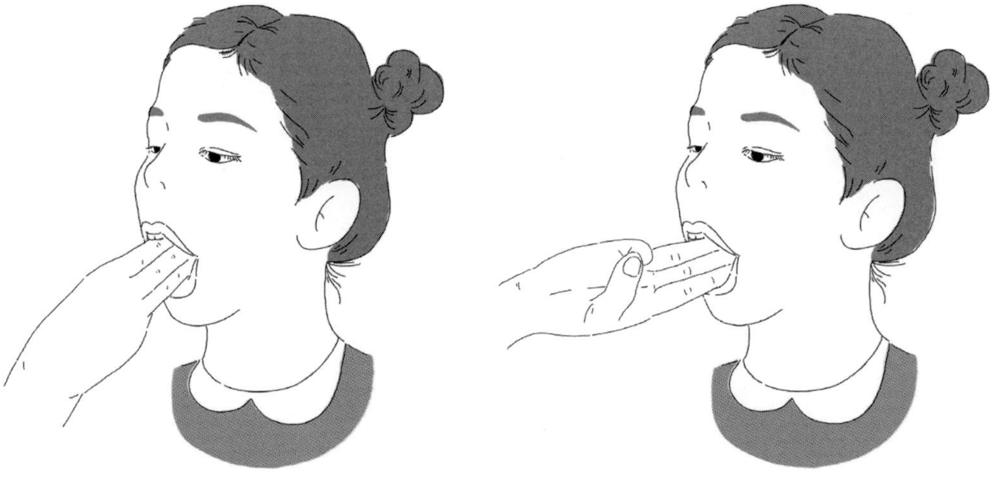

세 개의 손가락을 세워 입에 넣기

♫ 기침, 하품, 가글링 하기

목표 ● 생리적이고 반사적인 동작을 통하여 혀 뒤부분이 올라가는 것을 지각한다.

준비물 ● 종이컵, 물

◆ 기침하기

① 치료사가 먼저 입을 약간 벌린 상태에서 기침하기를 모델링한다.

② 치료사가 기침할 때 혀가 어떻게 되었는지를 확인시킨다.

③ 아동도 기침하기를 모방하며 이때 혀의 뒷부분이 올라가는 것을 지각하도록 촉구한다.

◆ **하품하기**

① 치료사가 하품을 하는 것을 모델링 해 주면서 혀등 부분이 올라가는 것을 확인시킨다.
② 아동도 거울을 보며 하품하기를 하고, 이때 혀의 위치가 어떻게 되는지를 이야기 하게 한다.

◆ **가글링하기**

① 컵에 물을 준비한다.
② 물을 약간 머금고 가글링을 하게 한다.
③ 혀의 뒷부분이 뒤로 올라가는 것을 지각하도록 촉구한다.

임상노트

• 이 활동들은 혀의 뒷부분이 올라가는 것을 지각각하도록 도울 수 있다.

3. 음소 훈련 및 마무리

♫ 연구개음 노래

목표 ● 노래와 율동을 통하여 연구개음을 훈련한다.

■ '연구개음 노래'를 부른다.

연구개음 노래

원곡: 리리리 자로

♫ 혀 뒷부분 올리기 칭찬 노래

목표 ● 노래와 율동을 통하여 혀 뒷부분 올리기 활동을 정리한다.

■ '혀 뒷부분 올리기 칭찬 노래'를 부른다.

혀 뒷부분 올리기 칭찬 노래

원곡: 똑같아요

Program 07

파찰음, 마찰음, 유음 발음을 위한 혀 측면 올리기 훈련

1. 혀 측면 인식
2. 혀 측면 올리기 운동
3. 음소 훈련 및 마무리

파찰음, 마찰음, 유음을 발음하기 위하여 혀 측면 올리기를 훈련해요!

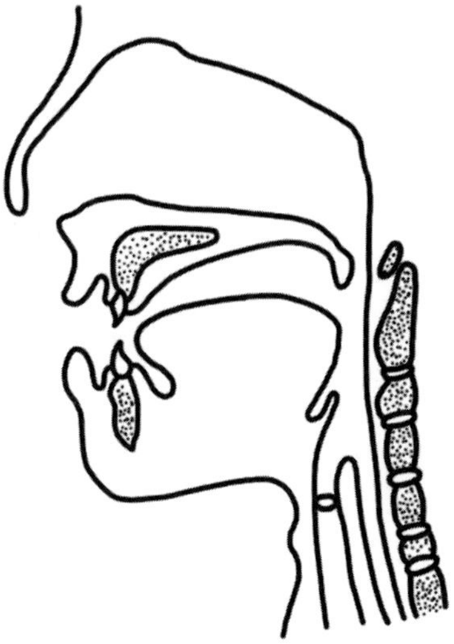

파찰음, 마찰음, 유음을 발음하기 위해서는 혀의 측면을 올리고 혀를 오목하게 해서 발음합니다.

파찰음 /ㅈ/, /ㅉ/, /ㅊ/, 마찰음 /ㅅ/, /ㅆ/, 유음 /ㄹ/는 조음위치 측면에서 보면, 치조음과 경구개음으로 분류된다. 이 음들을 산출하기 위해서는 혀의 앞에 해당하는 혀끝 또는 혀면(blade of the tongue)이 조음 위치까지 올라가야 하는 것은 물론이거니와 혀 측면의 거상까지 요구된다. 이에 따라 이 장에서는 파찰음, 마찰음, 유음 발음을 위한 혀 측면 가장자리의 힘과 긴장도를 증가시키고자 한다.

특히 마찰음 /ㅅ/, /ㅆ/를 산출하기 위해서는 혀 모양은 평평한 것이 아니라 혀를 오목한 형태로 만들어야 하며, 이때 중요한 근육으로서의 횡설근(transverse lingual muscle)의 힘과 긴장도를 증가시킬 수 있어야 한다.

이 장에서 기술된 혀 측면 훈련들은 혀 측면 올리기와 관련된 근육의 다양한 힘과 긴장도를 증가시킬 수 있는 훈련으로 구성되어 있다.

목표

- 혀 측면을 지각한다.
- 혀를 옆으로 움직이는 근육의 힘과 긴장도를 증가시킨다.
- 혀 측면 가장자리의 힘과 긴장도를 증가시킨다.

활동

1. 혀 측면 인식
   - 혀 노래
   - 혀 측면 지각하기
   - 혀 측면이 닿는 위 어금니 지각하기

2. 혀 측면 올리기 운동
   - 혀 운동 노래
   - 혀 측면 올리기 노래
   - 혀로 볼 밀기
   - 혀 측면으로 설압자 밀기
   - 혀끝으로 과자 옮기기
   - 혀 측면으로 위 어금니쪽 스펀지 막대 누르기
   - 혀 오목하게 하기
   - 혀 차기
   - 물을 입안에 머금고 있기

3. 음소 훈련 및 마무리
   - 혀 측면 올리기 칭찬 노래

유의사항

- 아동의 구강 근육 중 문제가 있는 곳을 알아보기 위해 조음기관 운동 체크리스트를 사용한다. 이 단원에서 제시하는 훈련 중 아동에게 필요하고 적절한 것을 선택하여 실시한다. 예를 들면, 아동이 입술 오므리기는 잘하지만, 혀 측면 올리기를 잘하지 못한다면 입술 오므리기 훈련은 생략할 수 있다. 또한 혀의 후방화는 잘 되지만, 혀끝 올리기가 잘 안 된다면, 혀 후방화 훈련은 생략할 수 있다.
- 언어재활사는 모든 훈련에서 아동에게 시범을 보인다.
- 모든 도구는 다른 언급이 없다면 아동의 치아 사이가 아니라 양 입술 사이에 두어야 한다.
- 아동이 스스로 도구를 바르게 사용할 수 있을 때까지 성인이 사용한다.
- 매 훈련마다 훈련에 필요한 시간과 반복 횟수를 제시하였다. 이 훈련 시간과 반복 횟수는 기초선일 뿐이며, 아동의 운동 능력이 개선됨에 따라 증가시켜야 한다.
- 가능한 빨리 목표 음소와 조음기관 운동을 결합한다.

1. 혀 측면 인식

♫ 혀 노래

목표 ● 노래와 율동을 통하여 혀를 인식한다.

■ '혀 노래'를 부른다.

■ '혀 노래'의 1절은 혀의 전후, 즉 혀끝과 혀 뒷부분에 대한 인식 활동이고, 2절은 혀의 양 측면에 대한 인식 활동이다.

혀 노래

원곡: 생일 축하합니다

♫ 혀 측면 지각하기

목표 ● 혀 측면 자극을 통하여 혀의 측면을 지각한다.

준비물 ● 스펀지 막대

① 아동에게 혀를 내밀게 한다.
② 치료사는 스펀지 막대로 아동 혀의 오른쪽 측면을 안쪽에서 바깥쪽 방향으로 3회 쓸어내린다.
③ 혀의 왼쪽 측면을 안쪽에서 바깥쪽 방향으로 3회 쓸어내린다.
④ 3회를 한 세트로 한다.
⑤ 혀 측면을 자극함으로써 혀 측면에 대한 지각을 향상시킬 수 있다.
⑥ 스펀지 막대 대신 설압자나 칫솔을 이용할 수 있다.

혀 내밀기

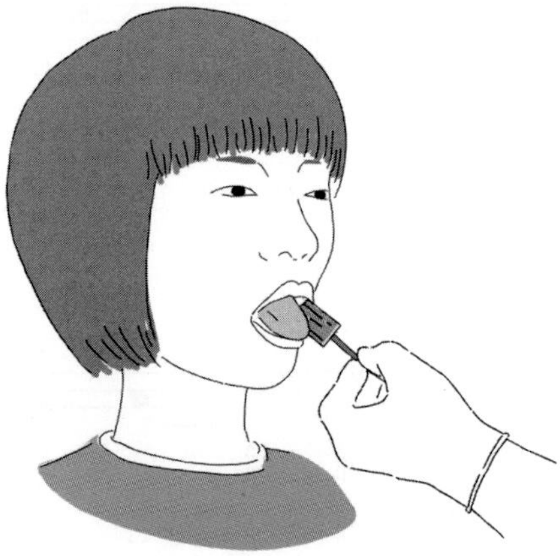

혀의 측면 지각하기

♫ 혀 측면이 닿는 위 어금니 지각하기

목표 ● 혀의 양 옆을 올려 어금니 안쪽에 닿는다.

준비물 ● 스펀지 막대

① 아동에게 입을 벌리라고 한다.

② 아동에게 "내가 두드리는 쪽에 혀를 닿게 하세요. 자, 어느 쪽일까요?"

③ 스펀지 막대로 위 어금니의 안쪽을 두드린다.

④ "어금니의 안쪽을 두드렸어. /쉿/소리를 낼 때, 혀의 양쪽이 여기에 닿는 거야."

⑤ 아동의 어금니 양쪽을 각각 5회 자극한다.

2. 혀 측면 올리기 운동

♫ 혀 운동 노래

목표 ● 노래와 율동을 통하여 혀 운동을 연습한다.

■ '혀 운동 노래'를 부른다.

■ '혀 운동 노래'의 1절은 혀의 전후 운동, 2절은 혀의 상하 운동, 3절은 혀의 좌우 운동에 대한 활동이다.

혀 운동 노래

원곡: 짝짜꿍

♫ 혀 측면 올리기 노래

목표 ● 노래와 율동을 통하여 혀 측면 강화 운동을 한다.

■ '혀 측면 올리기 노래' 를 부른다.

혀 측면 올리기노래

원곡: 우리 모두 다같이

♫ 혀로 볼 밀기

목표 ● 혀를 입 안에서 옆으로 움직인다.

준비물 ● 거울

① 치료사는 양쪽 검지 손가락을 아동의 볼에 댄다.

② 아동에게 입을 벌리고 혀로 볼 안쪽에서 치료사의 손가락을 밀어 내게 한다.

③ 아동이 턱을 좌우로 움직이면 치료사는 중지와 엄지로 턱을 고정시킨다.
④ 먼저 오른쪽 볼을 실시한 다음, 왼쪽 볼을 실시한다.
⑤ 입술을 다물고 구강 안쪽에서 혀를 옆으로 하여 치료사의 손가락을 밀어낸다.
⑥ 이 활동을 5회 실시한다.

혀를 오른쪽으로 하기

혀를 왼쪽으로 하기

입을 다물고 오른쪽으로 하기

입을 다물고 왼쪽으로 하기

♫ 혀 측면으로 설압자 밀기

목표 ● 혀를 밖으로 내밀어 옆으로 움직인다.

준비물 ● 설압자, 거울

① 아동에게 혀를 내밀게 한 후 설압자로 혀의 오른쪽 측면을 민다.

② 아동에게 혀 측면으로 설압자를 밀게 한다.

③ 왼쪽도 동일하게 실시한다.

④ 이 활동을 5회 반복한다.

혀를 오른쪽으로 밀기

혀를 왼쪽으로 밀기

설압자를 입안에 넣고 혀로 밀기

♫ 혀끝으로 과자 옮기기

목표 ● 혀를 좌우로 움직인다.

준비물 ● 과자, 거울

① 가로 세로 1cm 정도의 과자 조각을 아동의 오른쪽 볼 안쪽에 둔다.

② 아동에게 입을 벌린 상태에서 혀끝을 이용하여 오른쪽에 있는 조각을 왼쪽으로 옮기게 한다.

③ 이 활동을 2회씩 반복하며 조각의 위치를 바꾼다.

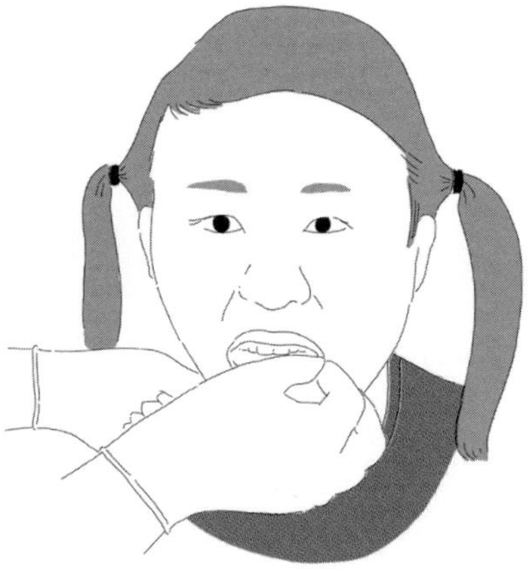

과자를 오른쪽 볼 안쪽에 두기

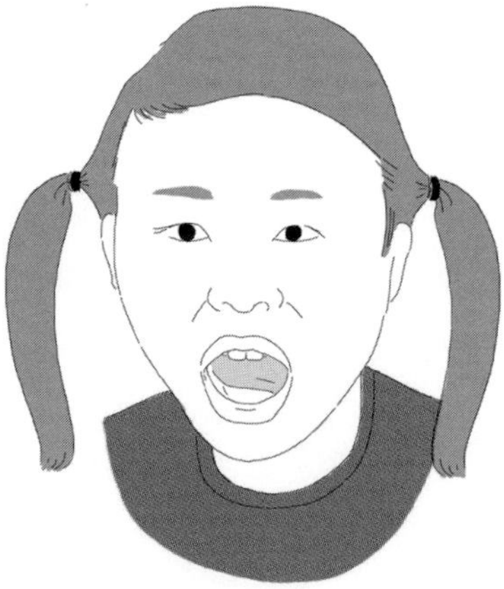

과자를 왼쪽으로 옮기기

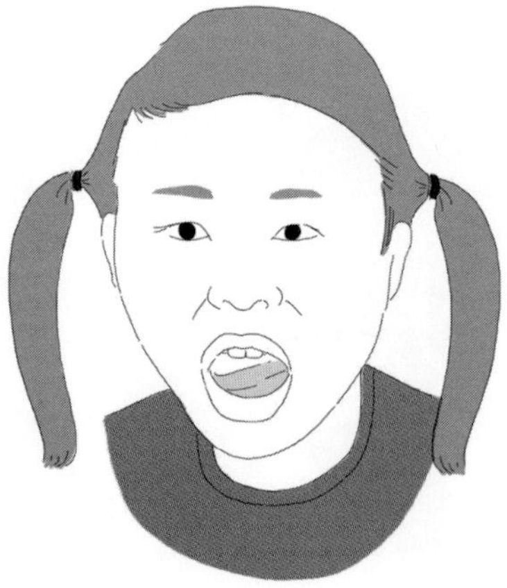

과자를 오른쪽으로 옮기기

임상노트

• 아동의 턱과 머리가 움직이지 않도록 해야 한다. 필요하다면 치료사가 손으로 아동의 턱과 머리를 고정시킨다.

♫ 혀 측면으로 위 어금니쪽 스펀지 막대 누르기

목표 ● 혀의 측면을 위 어금니쪽으로 올린다.

준비물 ● 스펀지 막대, 거울

① 아동에게 "내가 두드리는 쪽에 혀를 닿게 하세요. 스펀지 막대를 어금니에 둘 거예요."
② 아동에게 혀를 올려서 혀의 옆면으로 스펀지 막대를 누르도록 지시한다.
③ 좌우 각각 5회씩 누르기를 반복한다.

혀의 측면 지각하기

♫ 혀 오목하게 하기

목표 ● 혀의 가장자리를 들어 올릴 수 있다.

준비물 ● 좁은 설압자, 거울

◆ 설압자로 혀 오목하게 하기

① 아동에게 입을 벌린 다음 혀에 힘을 빼고 아랫입술 위에 놓게 한다.
② 좁은 설압자의 끝으로 혀의 중앙선을 따라 앞쪽에서 뒤쪽으로 쓸어 준다.
③ 아동에게 혀의 측면을 올려 혀를 오목하게 만들게 하고, 거울을 보게 한다.
④ 이 훈련을 3회 실시한다.

혀를 아랫입술 위에 놓기

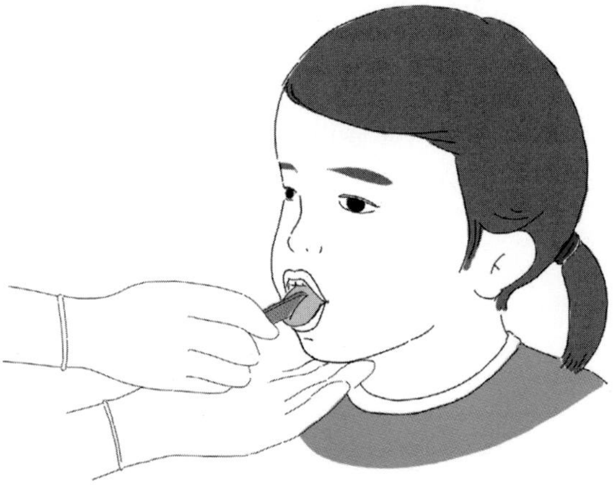

설압자로 혀 가운데를
눌러 혀를 오목하게 만들기

임상노트

• 설압자로 아동의 혀를 오목하게 할 때 구토 반사가 일어나지 않도록 조심한다.

◆ **설압자 없이 혀 오목하게 하기**

① 아동에게 좁은 설압자 없이 스스로 혀를 오목하게 만들게 한다.

② 오목한 혀 위에 고리 모양의 과자를 올려서 5초 동안 유지하게 한다.

③ 아동이 스스로 할 수 있도록 연습한다.

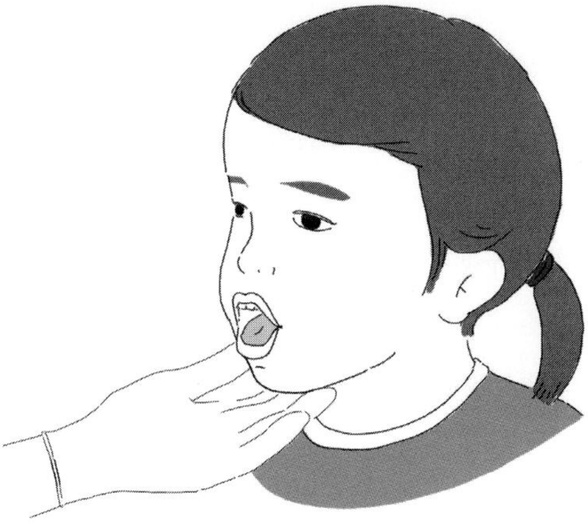

설압자 없이 혀를 오목하게 만들기

혀 위에 과자를 올려 놓고 유지하기

♫ 혀 차기

목표 ● 혀를 경구개에 대고 경구개음과 유사한 소리를 낸다.

① 아동에게 혀끝을 '휴식 지점(치조 부분)'에 두게 한다.

② 입천장을 따라 혀를 뒤로 끌어당겨 혀 차는 소리('쯧쯧쯧'과 같이)를 내게 한다.

③ 이 활동을 5~10회 실시한다.

임상노트

• 아동이 턱을 위아래로 움직인다면 한쪽 어금니로 좁은 설압자를 물게 한 상태에서 활동을 실시한다.

♫ 물을 입안에 머금고 있기

목표 ● 혀를 오목하게 하여 유지한다.

준비물 ● 물, 컵, 종이 타올

① 아동은 혀 위에 물을 매우 조금 머금는다.

② 혀 차기를 할 때처럼 아동에게 입천장으로 혀를 올리게 하여 물을 입안에 가둔다.

③ 아동의 혀끝은 치조에 두고 혀 측면은 위 어금니의 안쪽 측면과 맞붙여 틈새를 막는다.

④ 아동은 혀 안에 있는 물이 흐르지 않도록 하면서 입을 크게 벌려 3~5초 동안 유지한다.

⑤ 다른 종이컵에 물을 뱉도록 하여 아동이 물을 잘 가두었는지 삼켰는지를 확인한다.

임상노트

- 훈련의 초기에는 아동이 물을 흘릴 수도 있으므로 종이 타올을 준비한다.

3. 음소 훈련 및 마무리

♫ 혀 측면 올리기 칭찬 노래

목표 ● 노래와 율동을 통하여 혀 측면 올리기 활동을 마무리한다.

■ '혀 측면 올리기 칭찬 노래'를 부른다.

혀 측면 올리기 칭찬 노래

원곡: 똑같아요

Program 08

파찰음 발음을 위한 턱, 입술, 혀 훈련

1. 턱 운동
2. 입술 운동
3. 혀 운동
4. 음소 훈련 및 마무리

파찰음을 발음하기 위하여
턱, 입술, 혀를 훈련해요!

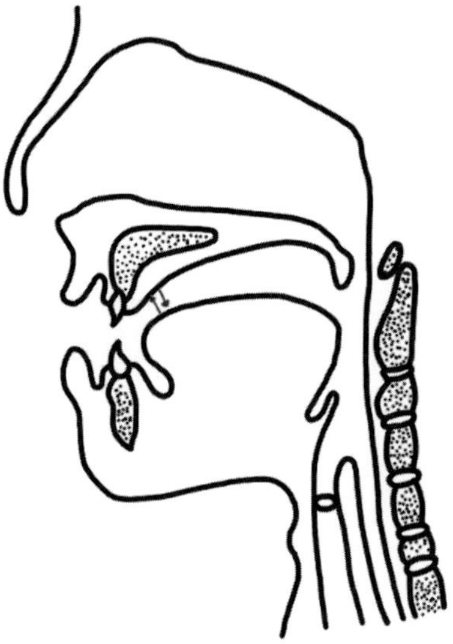

파찰음은 두 개의 조음기관을 접촉하여 기류를 막았다가 서서히 개방하여 기류를 마찰시키면서 발음합니다.

파찰음에는 /ㅈ/, /ㅉ/, /ㅊ/가 있습니다.

파찰음, 마찰음, 유음은 국어의 자음 중 조음이 어려운 자음으로 조음 발달에서 늦게 발달하는 음소들이다. 기류를 일정 시간 막았다 개방하는 형태의 파열음이나 구강기류를 막은 채 비강으로 소리를 내는 비음과 달리 이들 자음은 보다 복잡한 형태의 조음 동작을 요한다. 따라서 이 장과 다음장에서는 이전에 연습하였던 턱 훈련, 입술 훈련, 혀 훈련을 종합적으로 실시하고 파찰음, 마찰음, 유음 산출을 위한 조음 동작 훈련을 하도록 구성하였다. 이전의 훈련들을 이미 습득한 경우에도 한번 더 연습을 하는 것은 조음기관의 조음을 위한 준비도를 높이는 효과가 있다.

파찰음 /ㅈ/, /ㅉ/, /ㅊ/는 혓날 부분을 경구개의 위치에 닿게 하여 기류를 잠시 막았다가 조금만 개방하여 개방된 틈으로 기류를 마찰시켜 산출하는 자음이다. 파찰음의 산출을 위하여 앞의 장에서 연습하였던 턱, 입술, 혀의 힘과 긴장도의 유지가 필요하고 덧붙여 혀를 오목하게 하는 훈련, 혀날을 올리고 내리는 훈련 등이 모두 필요하다.

재미있는 파찰음

종종종 병아리
달팽이 집을 지읍시다
점점 크게 점점 작게
비가 주룩주룩
아기 자장자장
자리자리 잠자리
쥐가 찍찍찍
기지개 쭉쭉쭉
손뼉을 짝짝짝
유리창을 쨍그랑
참새가 짹짹짹
뽀뽀 쪽

아기가 아장아장
히죽이죽 히죽이
개구리가 폴짝폴짝
줄다리가 영차영차
기침 에취에취

기차 칙칙폭폭
탬버린 찰찰찰
이를 치카치카
차곡차곡
찰칵찰칵 사진기
찰랑찰랑 파도
초롱초롱 눈망울

보석이 반짝반짝
우쭐우쭐 어깨
우굴쭈굴 주름
반짝반짝 작은 별

목표

- 턱 근육을 강화한다.
- 입술 근육을 강화한다.
- 혀끝을 올리는 근육을 강화한다.
- 혀 뒷부분을 올리는 근육을 강화한다.
- 혀 측면을 올리는 근육을 강화한다.
- 단어 수준에서 /ㅈ/, /ㅉ/, /ㅊ/를 바르게 산출한다.

활동

1. 턱 운동
   - 턱 근육 인식하기
   - 턱 물기 강화 활동
   - 턱을 고정하고 혀 움직이기
   - 턱 운동 노래

2. 입술 운동
   - 입술로 설압자 밀기
   - 막대에 저항하여 입술 오므리기
   - 입술 오므리기 노래

3. 혀 운동
   - 혀끝으로 설압자 밀기
   - 혀끝 말아 올리기
   - 혀 차기
   - 설압자를 어금니에 물고 /다, 다, 다/ 말하기
   - 빨대로 젤리 빨아 먹기
   - 여러 가지 피리 불기
   - 혀 측면으로 위 어금니쪽 스펀지 막대 누르기
   - 혀 오목하게 하기
   - 물을 입안에 머금고 있기
   - 혀 운동 노래

4. 음소 훈련 및 마무리
   - 파찰음 노래

유의사항

- 아동의 구강 근육 중 문제가 있는 곳을 알아보기 위해 조음기관 운동 체크리스트를 사용한다. 이 단원에서 제시하는 훈련 중 아동에게 필요하고 적절한 것을 선택하여 실시한다. 예를 들면, 아동이 입술 오므리기는 잘하지만, 혀 측면 올리기를 잘하지 못한다면 입술 오므리기 훈련은 생략할 수 있다. 또한 혀의 후방화는 잘 되지만, 혀끝 올리기가 잘 안 된다면, 혀 후방화 훈련은 생략할 수 있다.
- 언어재활사는 모든 훈련에서 아동에게 시범을 보인다.
- 모든 도구는 다른 언급이 없다면 아동의 치아 사이가 아니라 양 입술 사이에 두어야 한다.
- 아동이 스스로 도구를 바르게 사용할 수 있을 때까지 성인이 사용한다.
- 매 훈련마다 훈련에 필요한 시간과 반복 횟수를 제시하였다. 이 훈련 시간과 반복 횟수는 기초선일 뿐이며, 아동의 운동 능력이 개선됨에 따라 증가시켜야 한다.
- 가능한 빨리 목표 음소와 조음기관 운동을 결합한다.

1. 턱 운동

♫ 턱 근육 인식하기

목표	● 턱을 올리는 근육을 인식한다.

◆ 턱 근육 긴장 인식하기 – 치료사

① 치료사의 얼굴 옆면에 아동의 손을 대고, 치료사가 어금니를 단단히 문다.

② 이때 아동에게 턱 근육이 불룩 튀어나오고 단단해 지는 것을 느끼도록 한다.

◆ 턱 근육 긴장 인식하기 – 아동

① 아동에게 자신의 얼굴 옆면에 손을 대고 어금니를 단단히 물도록 한다.

② 아동에게 자신의 턱 근육이 치료사처럼 단단해지는지 느껴보라고 한다.

③ 이 활동을 5회 반복한다.

편안한 상태의 턱 인식하기

어금니를 단단히 물었을 때
턱 근육 인식하기

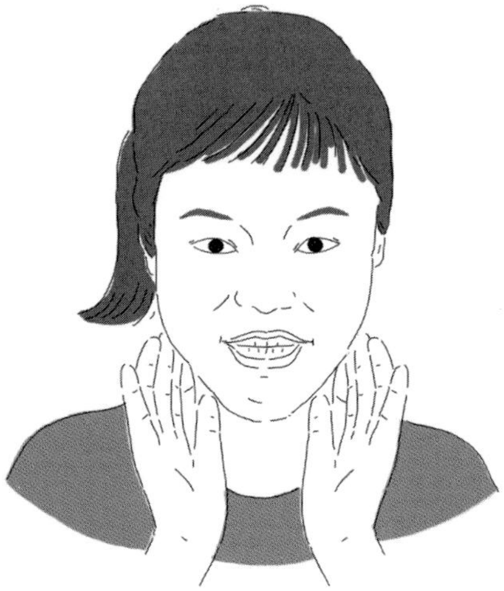

손으로 긴장된 턱 근육 인식하기

♫ 턱 물기 강화 활동

목표 ● 저작 근육의 힘을 강화한다.

준비물 ● 설압자, 위생장갑

① 치료사는 아동에게 오른쪽 어금니 사이에 설압자의 한쪽 끝을 물게 한다.
② 치료사는 설압자의 다른쪽 끝을 잡고 부드럽게 당긴다.
③ 아동은 설압자를 놓치지 않도록 물고 있어야 한다.
④ 오른쪽, 왼쪽을 한 세트로 하여 3회 실시한다.

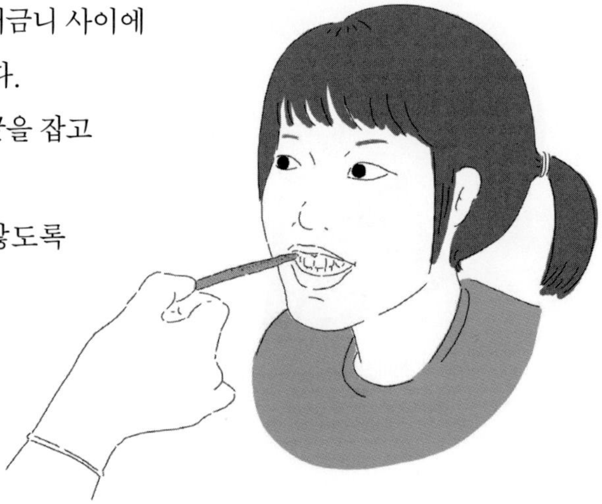

설압자를 오른쪽 어금니로 물고 있기

임상노트

- 아동의 수준에 따라 치료사가 주는 힘을 조절할 수 있다.
  - 약하게(손가락 하나 사용)
  - 중간(손가락 두 개 사용)
  - 강하게(손가락 세 개 사용)

♫ 턱을 고정하고 혀 움직이기

목표 ● 턱을 고정한 상태에서 혀를 독립적으로 움직인다.

준비물 ● 좁은 설압자, 음절 카드, 거울

① 치료사는 아동의 왼쪽 어금니 사이에 좁은 설압자를 세워 놓고, 아동에게 설압자를 가볍게 물라고 한다.

② 설압자를 문 상태에서 /다, 따, 타, 나/ 등 치조음이 포함된 음절을 말하게 한다.

/다다다/ → /따따따/ → /타타타/ → /나나나/

③ 이때 설압자가 움직인다면, 거울을 보여 주어 설압자가 움직이지 않도록 지시한다.

④ /다다다/, /따따따/, /타타타/, /나나나/를 한 세트로 하여 3회 반복한다.

설압자를 어금니 사이게 가볍게 물기

설압자를 문 상태에서 치조음 발음하기

♫ 턱 운동 노래

목표 ● 노래와 율동을 통하여 턱 운동을 연습한다.

■ '턱 운동 노래'를 부른다.

턱 운동 노래

원곡: 오리는 꽥꽥

■ '턱 운동 노래' 에 다음의 두 동작을 연결시킨다.

왼손을 아래, 오른손을 위에 붙였다가
위아래로 떼기 /아/

두 손을 떼어 있다가
손바닥을 서로 모으기 /이/

2. 입술 운동

♫ 입술로 설압자 밀기

목표 ● 입술 오므리는 근육을 강화한다.

준비물 ● 설압자

① 아동이 입술을 다물고 있는 동안 설압자를 세워서 아동의 입술을 민다.

② 아동에게 입술을 내밀어서 설압자를 밀도록 시킨다.

③ 이 활동을 5회 실시한다.

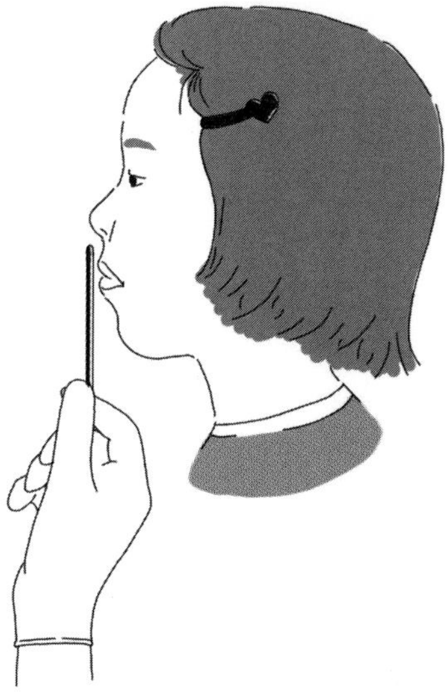

설압자를 입 앞에 세우기

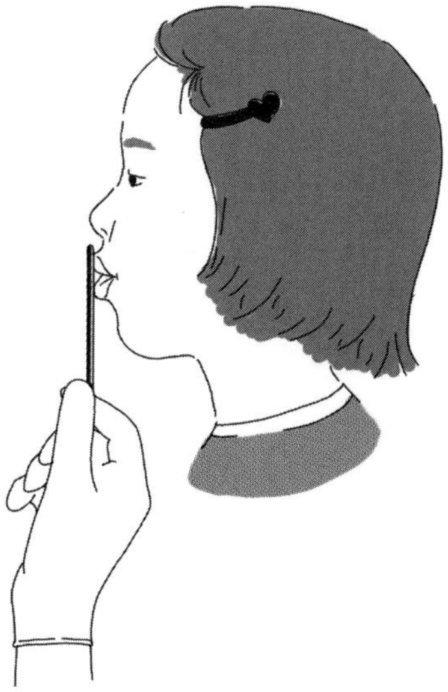

입술로 설압자 밀기

♫ 막대에 저항하여 입술 오므리기

목표 ● 입술 오므리는 근육을 강화한다.

준비물 ● 막대 모양 과자 2개

① 두 개의 막대 모양 과자의 끝을 입안에 넣어서 양쪽으로 간격을 벌린다.
② 아동에게 입을 오므려 입모양을 /오/로 만들게 한다.
③ 근육의 힘을 증가시키기 위해서 이 활동을 5회씩 반복한다.
④ 막대 모양 과자 대신 좁은 설압자나 커피 젓개를 이용할 수 있다.

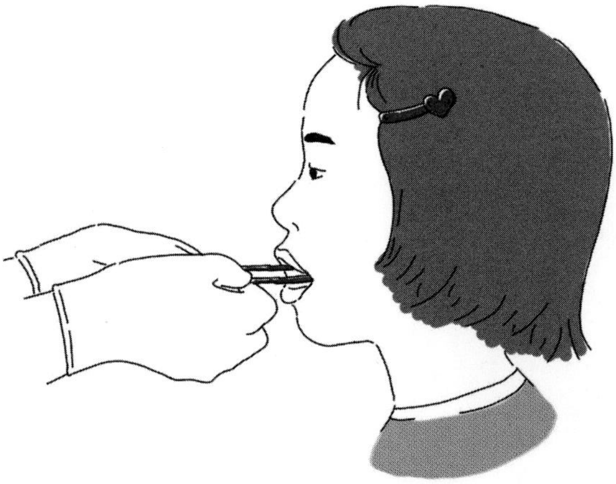

막대 모양 과자 두 개를 입안에 넣기

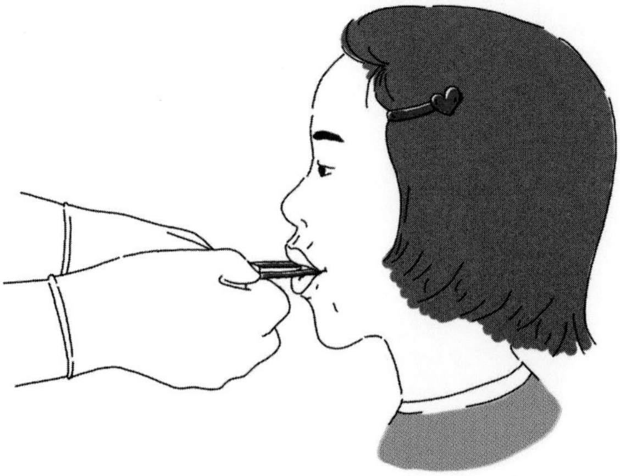

치료사는 과자를 양쪽으로 벌리고, 아동은 입술을 동그랗게 만들기

♫ 입술 오므리기 노래

목표 ● 노래와 율동을 통하여 입술 오므리기를 연습한다.

준비물 ● 스티커, 손인형

■ '입술 오므리기 노래 1'을 부른다.

입술 오므리기 노래 1

원곡: 똑같아요

■ '입술 오므리기 노래 2'를 부른다.

입술 오므리기 노래 2

원곡: 오리는 꽥꽥

■ '입술 오므리기 노래 2'에 다음의 두 동작을 연결시킨다.

양쪽 검지손가락을
앞으로 향하게 하기 /우/

양쪽 엄지손가락을
어깨 너머로 향하게 하기 /이/

3. 혀 운동

혀끝으로 설압자 밀기

목표 ● 혀끝의 힘을 강하게 한다.

준비물 ● 설압자

◆ 다문 입술 사이로 혀 내밀기

① 아동에게 입술을 다물게 하고, 입술 앞에 설압자를 댄다.
② 아동에게 입술 사이로 혀를 내밀어 설압자를 바깥쪽으로 밀어내게 한다.
③ 아동이 혀를 완전히 내밀 수 있을 만큼 충분히 입을 벌렸는지 확인한 후, 설압자로 혀를 살짝 민다.
④ 아동의 혀가 눌리거나 접힌다면, 누르는 힘을 약하게 한다.
⑤ 혀로 미는 힘이 증가하면 설압자를 더 세게 누른다.
⑥ 이 활동을 5회 실시한다.

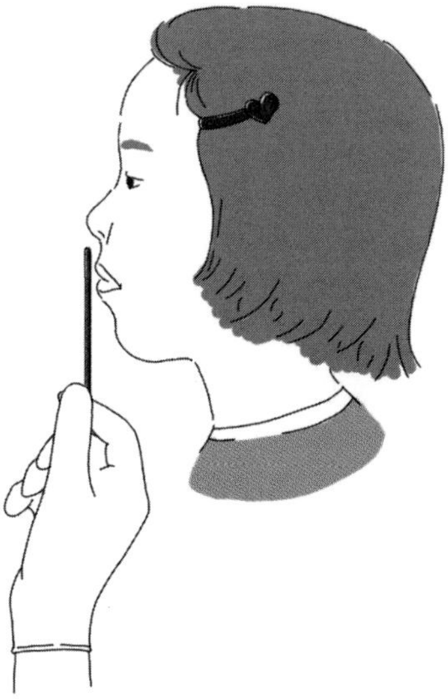

설압자를 입 앞에 두기

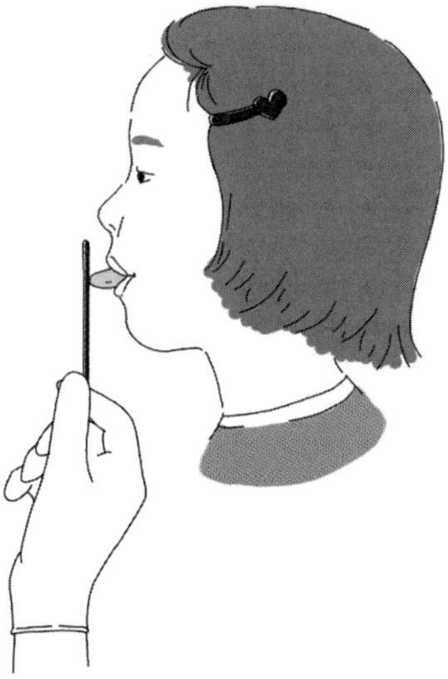

혀를 내밀어 설압자 밀기

♫ 혀끝 말아 올리기

목표 ● 혀끝을 말아 올린다.

준비물 ● 일회용 치실, 커피 젓개

◆ **혀끝으로 치실 말아 올리기**

① 아동의 입 앞에 일회용 치실을 두고 아동에게 혀끝을 일회용 치실 사이에 끼우도록 시킨다.

② 아동에게 혀끝으로 치실을 말아올리게 한다.

③ 치료사가 일회용 치실의 손잡이를 잡아당기면 아동은 일회용 치실이 빠지지 않도록 혀에 힘을 주어 당긴다.

④ 이때 치료사는 일회용 치실을 놓치지 않도록 주의한다.

⑤ 이 활동을 5회 실시한다.

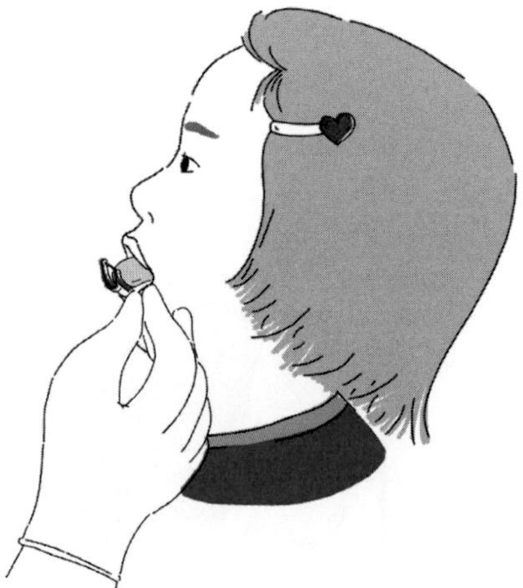

입 앞에 일회용 치실을 두기

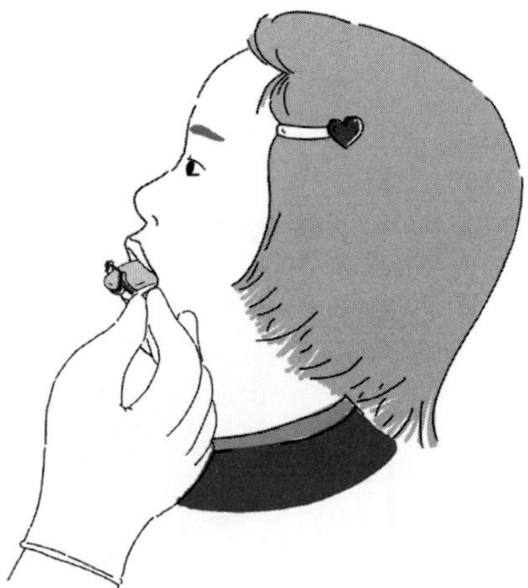

혀끝을 일회용 치실 사이에 끼우기

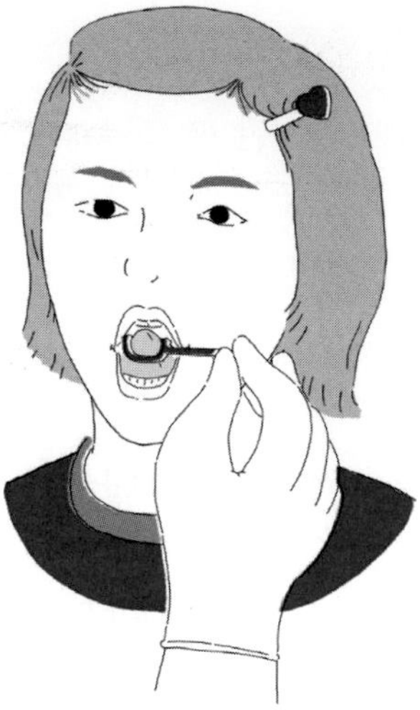

일회용 치실을 살짝 당기기

♫ 혀 차기

목표
- 혀를 치조에 대고 치조음과 유사한 소리를 낸다.
- 혀를 경구개에 대고 경구개음과 유사한 소리를 낸다.

◆ 혀 차는 소리 내기 1

① 아동에게 혀끝을 '휴식 지점(치조 부분)'에 두도록 한다.
② 아동에게 입천장을 따라 혀를 뒤로 끌어 당겨 혀 차는 소리(시계소리를 흉내 낼 때 내는 소리 '똑딱똑딱'과 같이)를 만들도록 한다.
③ 이 활동을 5~10회 실시한다.

◆ 혀 차는 소리 내기 2

① 아동에게 혀끝을 '휴식 지점(치조 부분)'에 두도록 한다.
② 아동에게 입천장을 따라 혀를 뒤로 끌어당겨 혀 차는 소리(어른이 못마땅할 때 내는 소리 '쯧쯧쯧'과 같이)를 만들도록 한다.
③ 이 활동을 5~10회 실시한다.

임상노트

- 만약 아동의 턱이 위와 아래로 움직인다면, 아동의 한쪽 어금니 사이에 좁은 설압자를 평평하게 물도록 하여 턱을 안정시킨 상태에서 훈련한다.

♫ 설압자를 어금니에 물고 /다, 다, 다/ 말하기

목표 ● 턱을 움직이지 않고 혀끝을 올린다.

준비물 ● 좁은 설압자

① 좁은 설압자를 아동의 오른쪽 어금니 사이에 끼워 설압자의 너비만큼 입을 벌리게 한다.
② 아동이 좁은 설압자를 가볍게 물게 하고 설압자가 움직이지 않는 상태에서 /다, 다, 다/를 반복시킨다.
③ /다, 다, 다/를 3세트 실시한다.
④ 설압자 없이 /다/를 반복하도록 한다.

좁은 설압자를 물고 /다, 다, 다/ 말하기

임상노트

- 만약 아동의 혀가 밖으로 나오면, 혀끝을 '휴식지점'에 두게 한다.

♫ 빨대로 젤리 빨아 먹기

목표 ● 빨기 활동을 하며 혀를 후방화한다.

준비물 ● 부드러운 젤리, 종이접시, 다양한 굵기와 길이의 빨대

① 젤리를 종이 접시에 조금 담아 준비한다.
② 아동에게 빨대를 물고 젤리가 없어질 때까지 빨도록 한다.
③ 짧고 넓은 빨대 크기부터 시작해서 길고 좁은 빨대 크기를 사용하여 점차 과제의 난이도를 높인다.

빨대로 젤리 빨기

♫ 여러 가지 피리 불기

목표	● 불기 활동을 하면서 혀를 후방화한다.
준비물	● 사이렌 호루라기, 마술 실 피리, 트럼펫 피리

◆ 사이렌 호루라기 불기

① 아동은 사이렌 호루라기의 매끈하고 링이 있는 쪽 끝을 입술로 문다.

② 사이렌 호루라기는 구멍이 커서 입술로 단단히 물어야 한다.

③ 볼이 부풀지 않아야 한다.

④ 다양한 패턴으로 불기 활동을 실시한다.

→ 아동은 1회 호흡에 세 번씩 분다.

→ 5초 동안 지속적으로 분다.

→ 다양한 길이로 분다(길게-짧게-길게, 짧게-짧게-길게, 길게-길게-짧게 등).

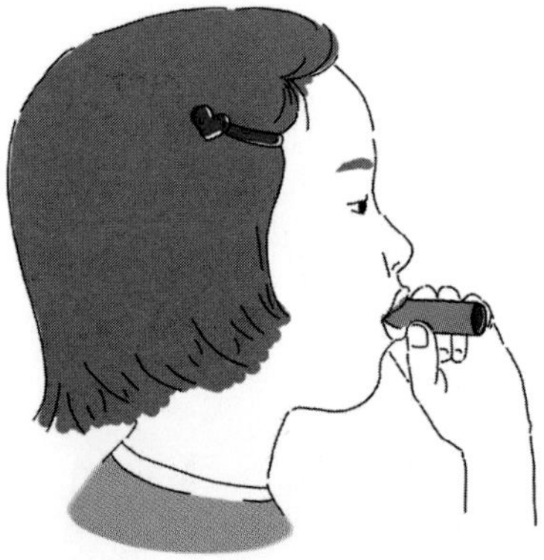

사이렌 호루라기를 불어서 소리 내기(링이 없는 쪽을 문다)
반대로 빨아 당겨서 소리 내기(링이 있는 쪽을 문다)

◆ 사이렌 호루라기 불기와 빨아 당기기

① 사이렌 호루라기의 방향을 바꾸면 빨아 당겼을 때 소리가 난다.

② 불기와 빨아 당기기를 번갈아 가며 시행한다.

◆ **트럼펫 호루라기 불기**

① 트럼펫 호루라기를 아동의 입술 사이에 놓고 아동에게 3회 불도록 한다.
② 트럼펫 호루라기는 입술을 조그맣고 단단하게 오므려야 공기가 세게 나오면서 소리가 난다.
③ 볼이 부풀려지면 입술을 더 단단하게 물고 공기를 더 들이마시도록 한다.

임상노트

- 불기 활동은 입술 근육의 긴장 유지, 복식호흡, 혀의 후방화가 필요하다.
- 한 손을 배에 얹어서 불기를 할 때마다 복부를 누르게 하면 도움이 된다.
- 치료사의 손을 아동의 손 위에 두어 아동과 함께 복부 누르기를 한다.

♫ 혀 측면으로 위 어금니쪽 스펀지 막대 누르기

목표 ● 혀의 측면을 어금니쪽으로 올린다.

준비물 ● 스펀지 막대

① 아동에게 '내가 두드리는 쪽에 혀를 닿게 하세요. 스펀지 막대를 위쪽 어금니에 둘 거에요.' 라고 말한다.
② 아동에게 혀를 올려서 혀의 옆면으로 스펀지 막대를 누르도록 지시한다.
③ 좌우 각각 5회씩 누르기를 반복한다.

혀 측면으로
스펀지 막대 누르기

♫ 혀 오목하게 하기

목표 ● 혀의 가장자리를 들어 올린다.

준비물 ● 좁은 설압자, 거울

◆ 설압자로 혀 오목하게 하기

① 아동에게 입을 벌린 다음, 혀에 힘을 빼고 아랫입술 위에 놓게 한다.

② 치료사는 좁은 설압자의 끝으로 혀의 중앙선을 따라 앞쪽에서 뒤쪽으로 쓸어 준다.

③ 아동에게 혀의 측면을 올려 혀를 오목하게 만들게 하고, 거울을 보게 한다.

④ 이 훈련을 3회 실시한다.

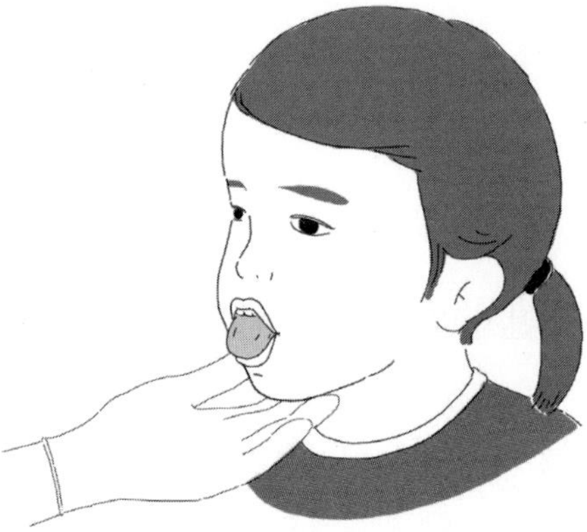

혀를 아랫입술 위에 놓기

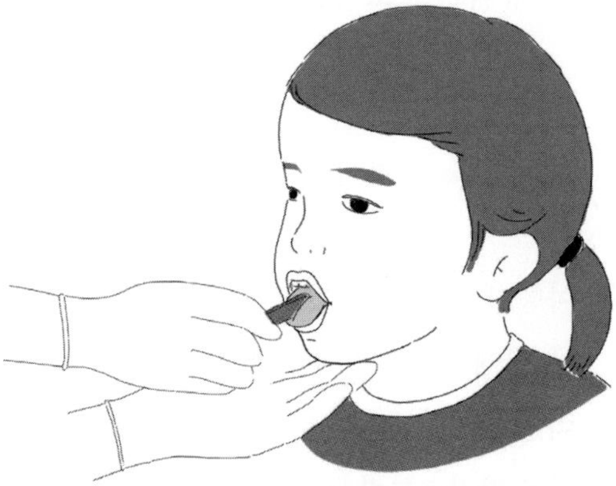

설압자로 혀 가운데를
눌러 혀를 오목하게 만들기

임상노트

• 설압자로 혀를 자극할 때 구토 반사가 일어나지 않도록 유의한다.

◆ **설압자 없이 혀 오목하게 하기**

① 아동에게 좁은 설압자 없이 스스로 혀를 오목하게 만들게 한다.

② 오목한 혀 위에 고리 모양의 과자를 올려서 5초 동안 유지하게 한다.

③ 아동이 스스로 할 수 있도록 연습한다.

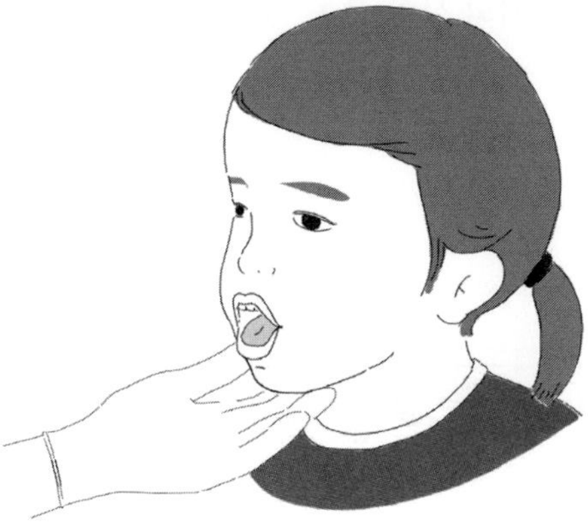

설압자 없이 오목하게 만들기

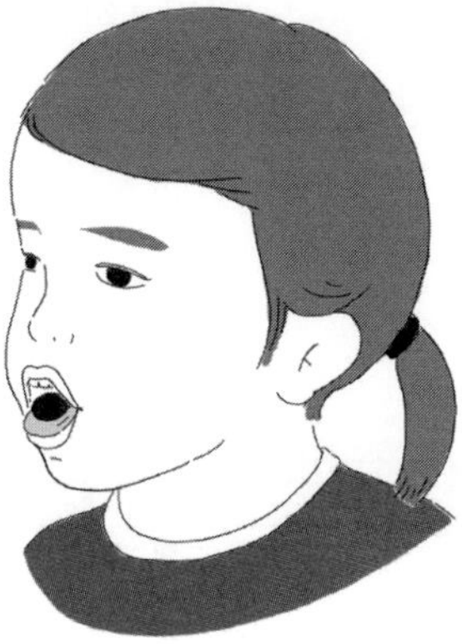

혀 위에 과자를 올려 놓고 유지하기

♫ 물을 입안에 머금고 있기

목표 ● 혀를 오목하게 하여 유지한다.

준비물 ● 물, 컵, 종이 타올

① 아동은 혀 위에 물을 매우 조금 머금는다.

② 혀 차기를 할 때처럼 아동에게 입천장으로 혀를 올리게 하여 물을 입안에 가둔다.

③ 아동의 혀끝은 치조에 두고 혀 측면은 위 어금니의 안쪽 측면과 맞붙여 틈새를 막는다.

④ 아동은 혀 안에 있는 물이 흐르지 않도록 하면서 입을 크게 벌려 3~5초 동안 유지한다.

⑤ 다른 종이컵에 물을 뱉도록 하여 아동이 물을 잘 가두었는지 삼켰는지를 확인한다.

♫ 혀 운동 노래

목표	● 노래와 율동을 통하여 혀 운동을 한다.

- '혀 운동 노래'를 부른다.
- '혀 운동 노래'의 1절은 혀의 전후 운동, 2절은 혀의 상하 운동, 3절은 혀의 좌우 운동에 대한 활동이다.

혀 운동 노래

원곡: 짝짜꿍

4. 음소 훈련 및 마무리

♫ 파찰음 노래

목표 ● 노래와 율동을 통하여 파찰음을 훈련한다.

■ '파찰음 노래'를 부른다.

파찰음 노래

원곡: 리리리 자로

Program

09

마찰음 발음을 위한 턱, 입술, 혀 훈련

1. 턱 운동
2. 입술 운동
3. 혀 운동
4. 음소 훈련 및 마무리

마찰음을 발음하기 위하여
턱, 입술, 혀를 훈련해요!

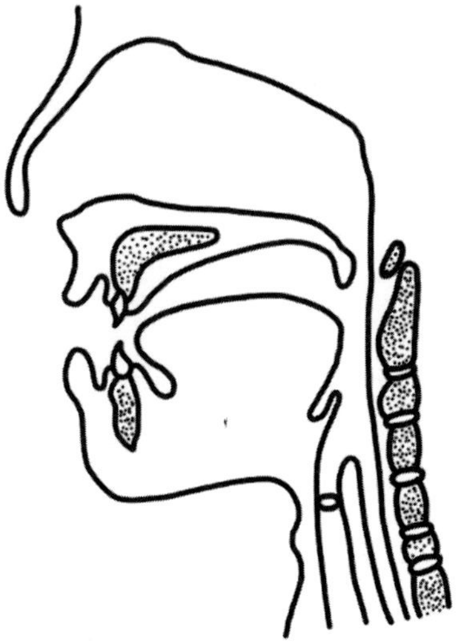

- 마찰음은 두 조음기관이 접근하여 그 틈사이로 기류를 마찰시키면서 발음합니다.

- 파찰음에는 /ㅅ/, /ㅆ/, /ㅎ/가 있습니다.

마찰음 /ㅅ/, /ㅆ/는 혀를 오목하게 하여 혀의 양 측면을 구개의 양쪽에 닿게 하고 혀의 중앙으로 기류를 마찰시키며 산출하는 자음이다. 파찰음과 달리 마찰음은 마찰음을 위한 조음 위치에서 일정 시간을 머물며 기류를 지속적으로 마찰시켜야 하므로 근긴장도의 조절이 더 많이 요구된다. 이러한 마찰음 산출을 위하여 턱과 입술, 혀의 힘과 긴장도를 유지하는 것과 특히 혀를 오목하게 하여 양옆을 구개의 측면에 닿게 한 상태에서 기류를 중앙으로 흐르도록 하는 훈련이 필요하다.

재미있는 마찰음

봄바람 살랑살랑
여름 바람 산들산들
가을 바람 솔솔솔솔
소곤소곤 속닥속닥
살금살금 숏
소록소록 실비
슬금슬금 톱집하세
사각사각 사과
싱글싱글 사자
새콤달콤 사탕
성큼성큼 옥수수
솜사탕
싱싱한 수박

나뭇잎이 우수수
오이가 아삭아삭
호랑이가 어슬렁어슬렁

겨울바람 쌩쌩쌩쌩
가위로 싹둑싹둑
자전거 씽씽
쓱싹쓱싹 이 닦자
씩씩한 씨름꾼
바람이 씽씽

어깨 으쓱으쓱
모자 써
찰싹찰싹 손바닥
불쑥불쑥
꼭꼭 약속해
얼룩송아지
철썩철썩 파도
푹신푹신 쿠션

목표

- 턱 근육을 강화한다.
- 입술 근육을 강화한다.
- 혀끝을 올리는 근육을 강화한다.
- 혀 뒷부분을 올리는 근육을 강화한다.
- 혀 측면을 올리는 근육을 강화한다.
- 단어 수준에서 /ㅅ/, /ㅆ/를 바르게 산출한다.

활동

1. 턱 운동
   - 턱 근육 인식하기
   - 턱 물기 강화 활동
   - 턱을 고정하고 혀 움직이기
   - 턱 운동 노래

2. 입술 운동
   - 입꼬리 당김 인식하기
   - 입술 양옆으로 당기기
   - 입술로 단추 물고 있기
   - 입술 오므리기 노래

3. 혀 운동
   - 혀끝으로 설압자 밀기
   - 혀끝으로 입술 핥기
   - 혀끝으로 막대 모양 과자 핥기
   - 마술 피리로 솜공 빨기
   - 여러 가지 피리 불기
   - 혀 측면으로 위 어금니쪽 스펀지 막대 누르기
   - 혀 오목하게 하기
   - 물을 입안에 머금고 있기
   - 혀 운동 노래

4. 음소 훈련 및 마무리
   - 마찰음 노래

유의사항

- 아동의 구강 근육 중 문제가 있는 곳을 알아보기 위해 조음기관 운동 체크리스트를 사용한다. 이 단원에서 제시하는 훈련 중 아동에게 필요하고 적절한 것을 선택하여 실시한다. 예를 들면, 아동이 입술 오므리기는 잘하지만, 혀 측면 올리기를 잘하지 못한다면 입술 오므리기 훈련은 생략할 수 있다. 또한 혀의 후방화는 잘 되지만, 혀끝 올리기가 잘 안 된다면, 혀 후방화 훈련은 생략할 수 있다.
- 언어재활사는 모든 훈련에서 아동에게 시범을 보인다.
- 모든 도구는 다른 언급이 없다면 아동의 치아 사이가 아니라 양 입술 사이에 두어야 한다.
- 아동이 스스로 도구를 바르게 사용할 수 있을 때까지 성인이 사용한다.
- 매 훈련마다 훈련에 필요한 시간과 반복 횟수를 제시하였다. 이 훈련 시간과 반복 횟수는 기초선일 뿐이며, 아동의 운동 능력이 개선됨에 따라 증가시켜야 한다.
- 가능한 빨리 목표 음소와 조음기관 운동을 결합한다.

1. 턱 운동

♫ 턱 근육 인식하기

목표	● 턱을 올리는 근육을 인식한다.

◆ 턱 근육 긴장 인식하기 – 치료사

① 치료사의 얼굴 옆면에 아동의 손을 대고, 치료사가 어금니를 단단히 문다.

② 이때 아동에게 치료사의 턱 근육이 불룩 튀어나오고 단단해지는 것이 느껴지는지 물어본다.

◆ 턱 근육 긴장 인식하기 – 아동

① 아동에게 자신의 얼굴 옆면에 손을 대고 어금니를 단단히 물게 한다.

② 아동에게 자신의 턱 근육이 치료사처럼 단단해지는지 느껴보라고 한다.

③ 이 활동을 5회 반복한다.

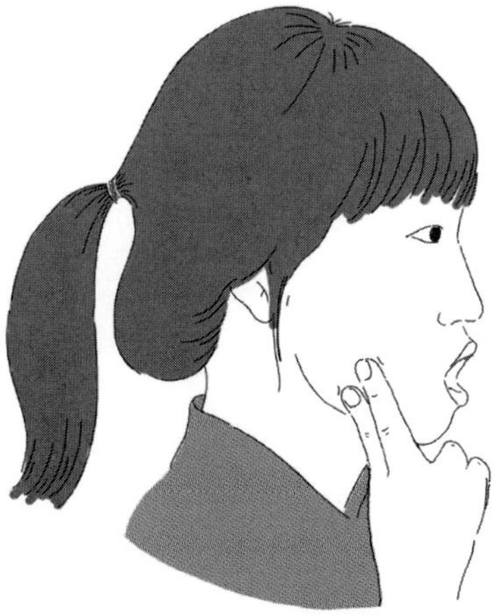

편안한 상태의 턱 인식하기

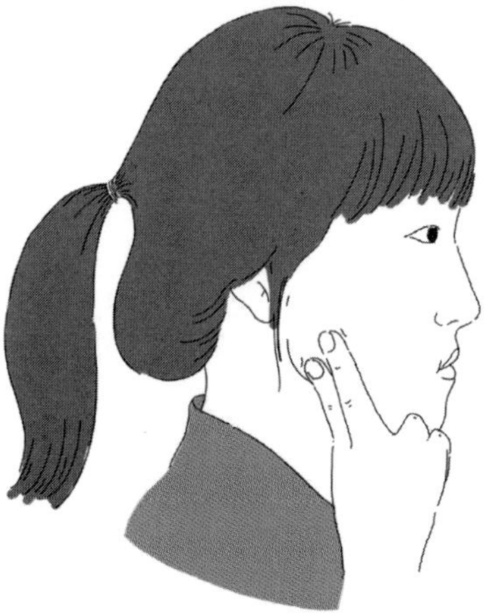

어금니를 단단히 물었을 때
턱 근육 인식하기

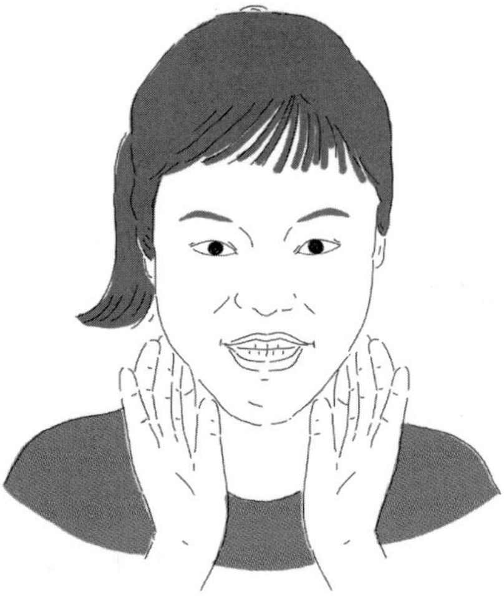

손으로 긴장된 턱 근육 인식하기

♫ 턱 물기 강화 활동

목표 ● 저작근육의 힘을 강화한다.

준비물 ● 설압자

① 치료사는 아동의 치아 사이에 설압자를 가로로 납작하게 눕혀 놓는다.
② 아동에게 설압자를 계속 물고 있게 한다.
③ 치료사는 설압자의 양쪽 끝을 집게손가락으로 부드럽게 잡아당긴다.
④ 아동은 설압자를 놓치지 않도록 물고 있어야 한다.

설압자를 아동의 치아 사이에 놓고
치료사의 양쪽 집게손가락으로 설압자를 당기기

임상노트

- 아동의 수준에 따라 치료사가 주는 힘을 조절할 수 있다.
  - 약하게(손가락 하나 사용)
  - 중간(손가락 두 개 사용)
  - 강하게(손가락 세 개 사용)

♫ 턱을 고정하고 혀 움직이기

목표 ● 턱을 고정한 성태에서 혀를 독립적으로 움직인다.

준비물 ● 좁은 설압자, 음절카드, 거울

① 치료사는 아동의 왼쪽 어금니 사이에 좁은 설압자를 세워 놓고, 아동에게 설압자를 가볍게 물라고 한다.
② 설압자를 문 상태에서 '다, 따, 타, 나' 등 치조음이 포함된 음절을 말하게 한다.

/다다다/ → /따따따/ → /타타타/ → /나나나/

③ 이때 설압자가 움직인다면, 거울을 보여 주어 설압자가 움직이지 않도록 지시한다.
④ /다다다/, /따따따/, /타타타/, /나나나/를 한 세트로 하여 3회 반복한다.

설압자를 어금니 사이게 가볍게 물기

설압자를 문 상태에서 치조음 발음하기

턱 운동 노래

목표 ● 노래와 율동을 통하여 턱 운동을 연습한다.

■ '턱 운동 노래'를 부른다.

턱 운동 노래

원곡: 오리는 꽥꽥

■ '턱 운동 노래'에 다음의 두 동작을 연결시킨다.

왼손을 아래, 오른손을 위에 붙였다가
위 아래로 떼기 /아/

두 손을 떼어 있다가
손바닥을 서로 모으기 /아/

2. 입술 운동

♫ 입꼬리 당김 인식하기

목표 ● 입꼬리를 양쪽으로 당기고 인식한다.

준비물 ● 거울

◆ 입꼬리 당김 인식하기

① 거울을 사용하여 아동에게 광대뼈 위에 양쪽 중간 손가락을 놓게 한다.

② 아동에게 거울을 보게 하고 크게 미소지어 보라고 한다.

③ 아동에게 치아가 보이도록 웃으라고 한다.

④ 아동에게 자신의 볼 근육이 올라가는 것을 느끼게 하고 입술이 당겨지는 것을 보게 한다.

⑤ 이 활동을 5회 반복한다.

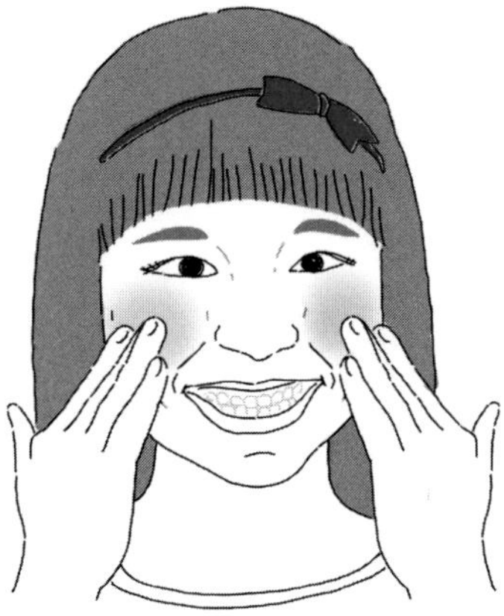

손을 광대뼈 위에 대고, 입꼬리를 양쪽으로 당기기

임상노트

• 아동에게 과장된 웃음으로 웃어야 한다는 것을 상기시킨다.

♫ 입술 양옆으로 당기기

목표 ● 입꼬리 당김근의 긴장과 이완을 인식한다.

준비물 ● 거울

① 입술을 양옆으로 당기고 /이/라고 말한다.
② 입술을 당겼던 근육을 이완시키면서 /어/라고 말한다.
③ 이 활동을 5회 반복한다.

임상노트

• 이 훈련은 /이/ 모음을 산출하기 위해 입술을 당길 때 근육 긴장과 /어/ 모음을 산출할 때 입술 당김 근육 이완의 차이를 알게 하기 위한 활동이다.

♫ 입술로 단추 물고 있기

목표 ● 입술을 다무는 근육을 강화한다.

준비물 ● 치실, 단추(크기별)

① 치실로 단추를 묶는다.
② 아동이 입술로 단추를 물고 있게 한다.
③ 아동이 입술로 단추를 물고 있는 동안, 치료사는 아동이 단추를 물고 있을 수 있을 정도의 힘을 주어 당긴다.
④ 이 활동을 10회 반복한다.

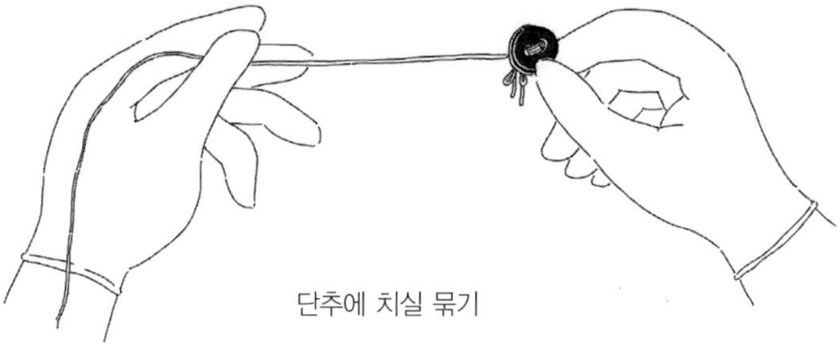

단추에 치실 묶기

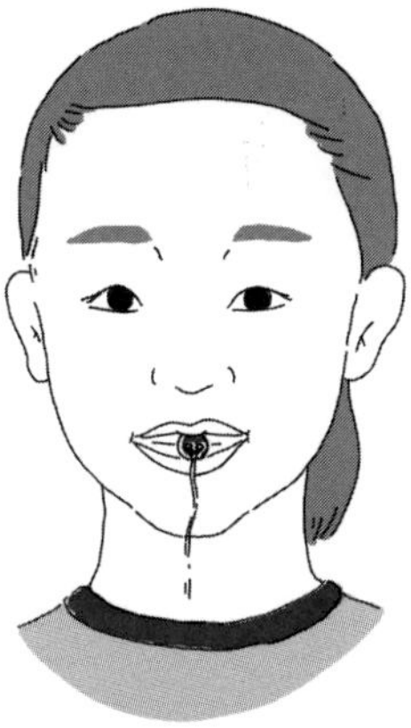

입술로 단추 물기

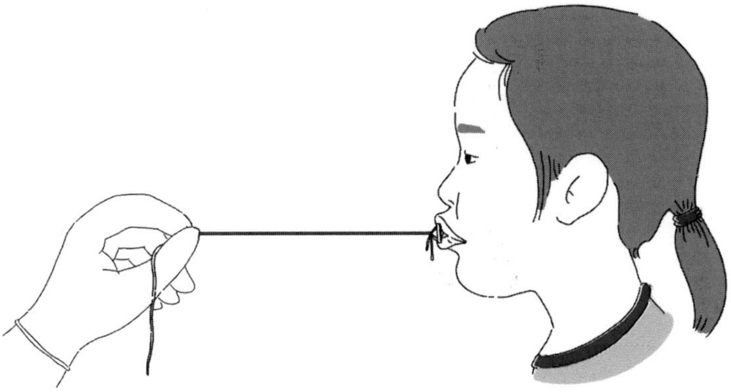

단추 당기기

임상노트

• 난이도를 증가시키기 위해서 단추의 크기를 점점 더 작게 한다.

♫ 입술 오므리기 노래

목표 ● 노래와 율동을 통하여 입술 오므리기를 연습한다.

준비물 ● 스티커, 손인형

■ '입술 오므리기 노래 1'을 부른다.

입술 오므리기 노래 1

원곡: 똑같아요

■ '입술 오므리기 노래 2'를 부른다.

입술 오므리기 노래 2

원곡: 오리는 꽥꽥

■ '입술 오므리기 노래 2' 에 다음의 두 동작을 연결시킨다.

양쪽 검지 손가락을
앞으로 향하게 하기 /우/

양쪽 엄지손가락을
어깨 너머로 향하게 하기 /이/

3. 혀 운동

♫ 혀끝으로 설압자 밀기

목표 ● 혀끝의 힘을 강하게 한다.

준비물 ● 설압자

◆ 다문 입술 사이로 혀 내밀기

① 아동에게 입술을 다물게 하고, 입술 앞에 설압자를 댄다.
② 아동에게 입술 사이로 혀를 내밀어 설압자를 바깥쪽으로 밀어내게 한다.
③ 아동이 혀를 완전히 내밀 수 있을 만큼 충분히 입을 벌렸는지 확인한 후, 설압자로 혀를 살짝 민다.
④ 아동의 혀가 눌리거나 접힌다면, 누르는 힘을 약하게 한다.
⑤ 혀로 미는 힘이 증가하면 설압자를 더 세게 누른다.
⑥ 이 활동을 5회 실시한다.

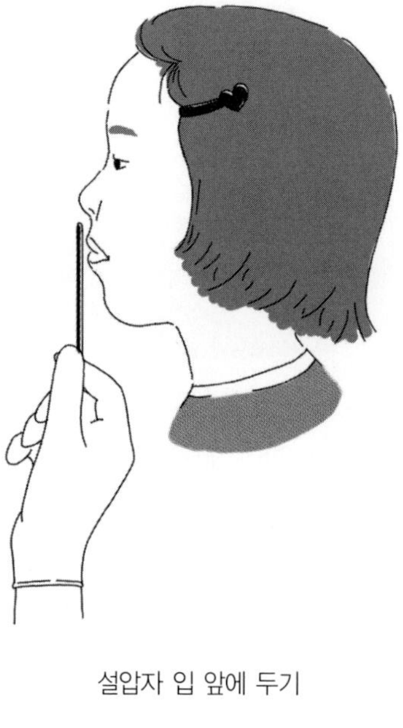
설압자 입 앞에 두기

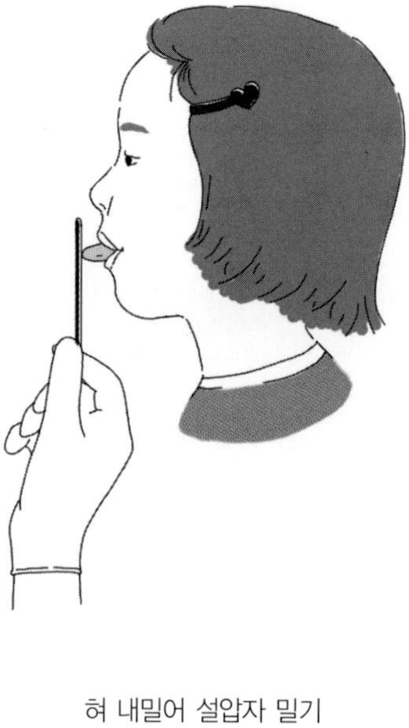
혀 내밀어 설압자 밀기

♫ 혀끝으로 입술 핥기

목표 ● 혀끝을 입술 위로 올린다.

준비물 ● 잼, 거울

① 훈련을 할 때 거울을 사용하는 것이 좋다.
② 아동의 입 주변(윗입술, 아랫입술, 입술의 양쪽 끝)에 잼을 조금씩 바른다.
③ 아동에게 혀끝으로 잼을 핥아 먹게 한다.
④ 아동에게 오른쪽 모서리부터 시작하여 왼쪽 모서리, 아랫입술, 윗입술의 순서로 하도록 지시한다.
⑤ 이 활동을 2회 실시한다.

혀끝으로 입술의 오른쪽 모서리 핥기

혀끝으로 입술의 왼쪽 모서리 핥기

혀끝으로 윗입술 핥기

혀끝으로 아랫입술 핥기

임상노트

• 혀를 움직일 때 머리가 동시에 따라 움직이지 않도록 주의한다.

♫ 혀끝으로 막대 모양 과자 핥기

목표 ● 혀끝의 힘을 강하게 한다.

준비물 ● 막대 모양 과자, 잼

① 막대 모양 과자 한쪽 면에 잼을 바른다.
② 막대 모양 과자를 아동의 입 앞에 둔다.
③ 아동에게 혀를 내밀어 막대 모양 과자에 묻은 잼을 핥아 먹게 한다.
④ 이 활동을 5회 실시한다.

막대 모양 과자에 잼 바르기

혀끝으로 잼을 핥아 먹기

임상노트

• 혀가 움직일 때 머리가 따라 움직이지 않도록 한다.

♫ 마술 피리로 솜공 빨기

목표	• 빨기 활동을 하며 혀를 후방화한다.
준비물	• 마술 피리, 솜공

① 치료사의 손바닥 위에 솜공을 둔다.
② 아동에게 입술로 마술 피리를 물게 한다.
③ 마술 피리의 끝으로 솜공을 빨아 올리도록 한다.
④ 이 동작을 5초 동안 유지하도록 한다.

마술 피리로 솜공 빨아 당겨 올리기

임상노트

- 만약 아동이 솜공을 마술 피리로 빨아 당기지 않고 분다면 '우유 마시는 것처럼 해 봐.' 라고 촉구한다.
- 솜공 대신에 작은 종이 조각, 씨리얼 또는 작은 마시멜로 등을 이용하여 훈련을 다양하게 할 수 있다.
- 빨대의 직경과 길이를 달리하여 난이도를 조절할 수 있다.

♫ 여러 가지 피리 불기

목표	● 다양한 불기 활동을 통하여 혀를 후방화한다.
준비물	● 기차 호루라기, 풍차 호루라기

◆ 풍차 호루라기 불기

① 아동의 입술 사이에 풍차 호루라기를 놓는다.
② 아동이 길고 천천히 부드러운 호흡으로 풍차 호루라기를 불도록 지시한다.
③ 소리가 크고 삑삑거리면 불기를 세게 하는 것이므로 부드럽게 불도록 한다.
④ 3초 동안 불기로 시작해서 5초까지 불기 시간을 증가시킨다.

3초 동안 불기 → 4초 동안 불기 → 5초 동안 불기

임상노트

• 이 활동들은 불기 훈련이 아니라 혀의 후방화를 촉진하기 위한 활동이다.

◆ 마술 실 피리 불기

① 아동의 입술 사이에 마술 실 피리를 놓는다.
② 마술 실 피리를 3~5초 동안 길게 불어 실이 빙글빙글 돌도록 불게 한다.

아래 방향 → 옆 방향 → 위쪽 방향 → 옆 방향

③ 한 호흡에 두 번 정도 불도록 연습시킨다.

한 호흡에 2회 → 3회

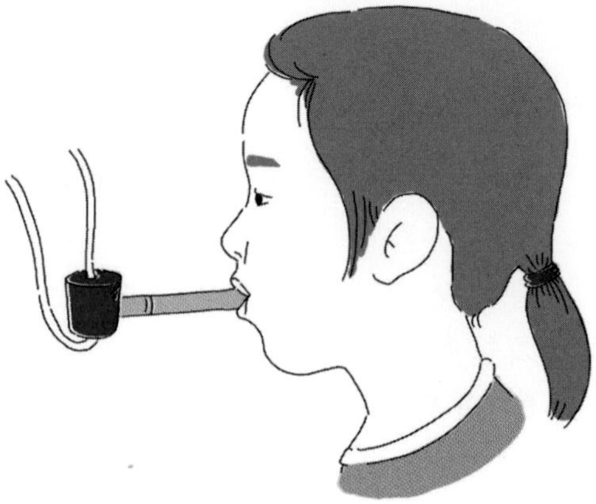

마술 실 피리 불기

임상노트

- 이 활동은 입술 근육의 긴장 유지, 복식호흡, 혀의 후방화를 필요로 한다.
- 불기 훈련을 하면서 혀 측면 올리기를 시작한다. 혀나 구강의 측면으로 기류가 방출된다면 이를 수정하기 위해 입 앞쪽으로 기류가 흐르도록 하는 훈련을 시작해야 한다.

♫ 혀 측면으로 위 어금니쪽 스펀지 막대 누르기

목표 ● 혀의 측면을 어금니쪽으로 올린다.

준비물 ● 스펀지 막대

① 아동에게 '내가 두드리는 쪽에 혀를 닿게 하세요. 스펀지 막대를 위쪽 어금니에 둘 거에요.' 라고 말한다.
② 아동에게 혀를 올려서 혀의 옆면으로 스펀지 막대를 누르도록 지시한다.
③ 좌우 각각 5회씩 누르기를 반복한다.

혀 측면으로 스펀지 막대 누르기

♫ 혀 오목하게 하기

목표 ● 혀의 가장자리를 들어 올린다.

준비물 ● 좁은 설압자, 거울

◆ 설압자로 혀 오목하게 하기

① 아동에게 입을 벌린 다음, 혀에 힘을 빼고 아랫입술 위에 놓게 한다.

② 치료사는 좁은 설압자의 끝으로 혀의 중앙선을 따라 앞쪽에서 뒤쪽으로 쓸어 준다.

③ 아동에게 혀의 측면을 올려 혀를 오목하게 만들게 하고, 거울을 보게 한다.

④ 이 훈련을 3회 실시한다.

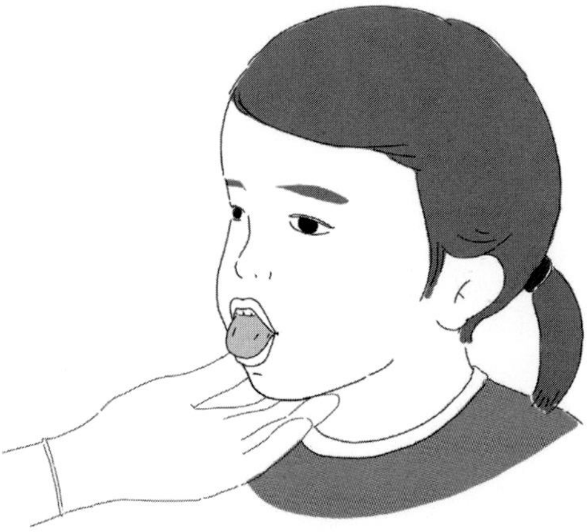

혀를 아랫입술 위에 놓기

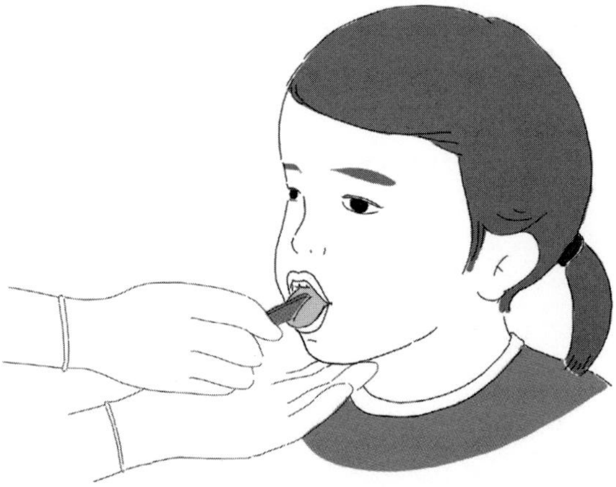

설압자로 혀 가운데를 눌러 혀를 오목하게 만들기

임상노트

• 설압자로 혀를 자극할 때 구토 반사가 일어나지 않도록 유의한다.

◆ **설압자 없이 혀 오목하게 하기**

① 아동에게 좁은 설압자 없이 스스로 혀를 오목하게 만들게 한다.

② 오목한 혀 위에 고리 모양의 과자를 올려서 5초 동안 유지하게 한다.

③ 아동이 스스로 할 수 있도록 연습한다.

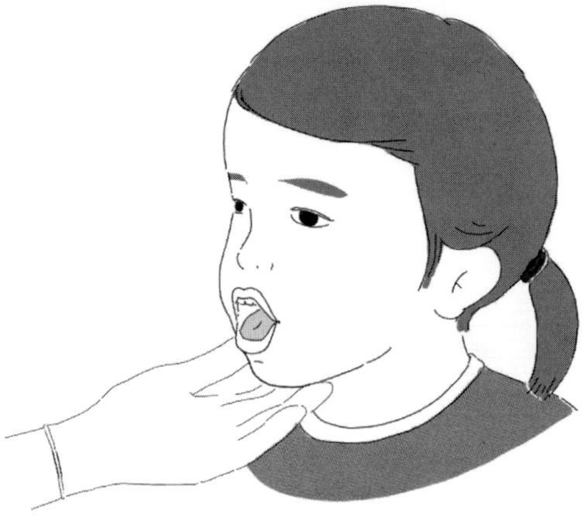

설압자 없이 오목하게 만들기

혀 위에 과자를 올려 놓고 유지하기

♫ 물을 입안에 머금고 있기

목표 ● 혀를 오목하게 하여 유지한다.

준비물 ● 물, 컵, 종이 타올

① 아동은 혀 위에 물을 매우 조금 머금는다.

② 혀 차기를 할 때처럼 아동에게 입천장으로 혀를 올리게 하여 물을 입안에 가둔다.

③ 아동의 혀끝은 치조에 두고 혀 측면은 위 어금니의 안쪽 측면과 맞붙여 틈새를 막는다.

④ 아동은 혀 안에 있는 물이 흐르지 않도록 하면서 입을 크게 벌려 3~5초 동안 유지한다.

⑤ 다른 종이컵에 물을 뱉도록 하여 아동이 물을 잘 가두었는지 삼켰는지를 확인한다.

♫ 혀 운동 노래

목표 ● 노래와 율동을 통하여 혀 운동을 한다.

■ '혀 운동 노래'를 부른다.

■ '혀 운동 노래'의 1절은 혀의 전후 운동, 2절은 혀의 상하 운동, 3절은 혀의 좌우 운동에 대한 활동이다.

혀 운동 노래

원곡: 짝짜꿍

4. 음소 훈련 및 마무리

♫ 마찰음 노래

목표 ● 노래와 율동을 통하여 마찰음을 훈련한다.

■ '마찰음 노래'를 부른다.

마찰음 노래

원곡: 리리리 자로

Program 10

유음 발음을 위한 턱, 입술, 혀 훈련

1. 턱 운동
2. 입술 운동
3. 혀 운동
4. 음소 훈련 및 마무리

유음을 발음하기 위하여
턱, 입술, 혀를 훈련해요!

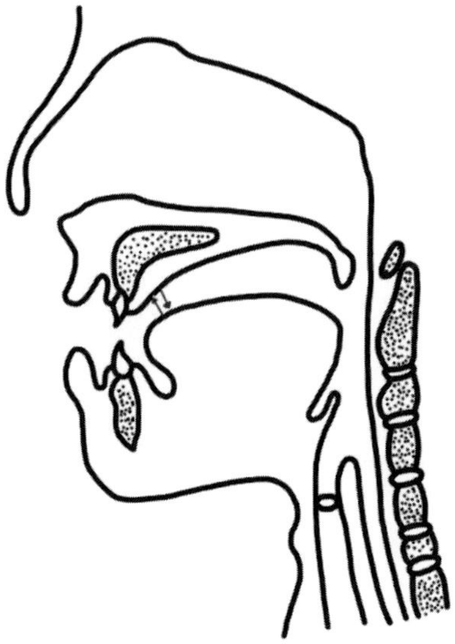

유음은 혀끝을 구개에 가볍게 대었다가 떼거나, 혀끝을 구개에 댄 채 기류를 혀 양쪽 옆으로 보내면서 발음합니다.

유음에는 /ㄹ/가 있습니다.

유음 /ㄹ/는 초성의 위치에서는 탄설음으로 종성의 위치에서는 설측음으로 산출된다. 종성의 설측음 /ㄹ/는 혀를 오목하게 하여 혓날 부분만 치조 부분에 대고, 혀의 양옆으로 기류를 흘려보내며 유성음을 산출한다. 초성의 탄설음 /ㄹ/는 설측음과 같이 혀를 오목하게 하고 혓날을 치조에 대고 기류를 흘려보내면서 거의 동시에 혀를 뗀다. 이 동작들이 빠르게 일어나야 하기 때문에 조음이 더 어렵다. 이러한 유음 산출을 위하여 턱, 입술, 혀의 힘과 긴장도를 유지하는 것과 혀를 오목하게 하는 훈련, 혀의 중앙을 막고 기류를 혀의 양 측면으로 흐르도록 하는 훈련, 혀의 유연성 훈련 등이 필요하다.

재미있는 유음

사람들이 우루루루
다람쥐가 쭈루루루
경찰이 호르르르
동전이 떼구르르
드르렁드르렁 쿨쿨
따르릉따르릉 전화
금 나와라와라
미끌미끌 얼음판
오르락 내리락 사다리
위로 아래로
와글와글 친구들
쿨쿨 잠꾸러기
꼬부랑 고개

개구리가 불룩불룩
나비가 팔랑팔랑
바람이 살랑살랑
기침이 콜록콜록
알록달록 색연필
입을 샐룩샐룩
어슬렁어슬렁 호랑이
얼룩얼룩 얼룩말
올록볼록 도로
촐랑촐랑 바둑이

달달 무슨 달 보름 달
돼지 꿀꿀
덩실덩실 어깨춤
찰싹찰싹 손뼉
비실이가 싱글싱글
방글이가 방글방글
시끌시끌 시장
한들한들 봄바람

목표

- 턱 근육을 강화한다.
- 입술 근육을 강화한다.
- 혀끝을 올리는 근육을 강화한다.
- 혀 뒷부분을 올리는 근육을 강화한다.
- 혀 측면을 올리는 근육을 강화한다.
- 단어 수준에서 /ㄹ/를 바르게 산출한다.

활동

1. 턱 운동
   - 턱 물기 강화 활동
   - 턱을 고정하고 혀 움직이기
   - 턱 운동 노래

2. 입술 운동
   - 입술로 단추 물고 있기
   - 아랫입술 말기와 윗입술 들기
   - 입술 오므리기 노래

3. 혀 운동
   - 혀끝으로 설압자 밀기
   - 혀끝으로 막대 모양 과자 핥기
   - 혀끝 말아 올리기
   - 혀 차기
   - 혀끝으로 입천장 핥기
   - 빨대로 젤리 빨아 먹기
   - 여러 가지 피리 불기
   - 혀 측면으로 위 어금니쪽 스펀지 막대 누르기
   - 혀 오목하게 하기
   - 물을 입안에 머금고 있기
   - 혀 운동 노래

4. 음소 훈련 및 마무리
   - 설측음 노래
   - 탄설음 노래

유의사항

- 아동의 구강 근육 중 문제가 있는 곳을 알아보기 위해 조음기관 운동 체크리스트를 사용한다. 이 단원에서 제시하는 훈련 중 아동에게 필요하고 적절한 것을 선택하여 실시한다. 예를 들면, 아동이 입술 오므리기는 잘하지만, 혀 측면 올리기를 잘하지 못한다면 입술 오므리기 훈련은 생략할 수 있다. 또한 혀의 후방화는 잘 되지만, 혀끝 올리기가 잘 안 된다면, 혀 후방화 훈련은 생략할 수 있다.
- 언어재활사는 모든 훈련에서 아동에게 시범을 보인다.
- 모든 도구는 다른 언급이 없다면 아동의 치아 사이가 아니라 양 입술 사이에 두어야 한다.
- 아동이 스스로 도구를 바르게 사용할 수 있을 때까지 성인이 사용한다.
- 매 훈련마다 훈련에 필요한 시간과 반복 횟수를 제시하였다. 이 훈련 시간과 반복 횟수는 기초선일 뿐이며, 아동의 운동 능력이 개선됨에 따라 증가시켜야 한다.
- 가능한 빨리 목표 음소와 조음기관 운동을 결합한다.

1. 턱 운동

♫ 턱 물기 강화 활동

목표 ● 저작 근육의 힘을 강화한다.

준비물 ● 설압자

① 치료사는 아동의 치아 사이에 설압자를 가로로 놓는다.
② 아동에게 설압자를 계속 물고 있게 한다.
③ 치료사는 설압자의 양쪽 끝을 집게손가락으로 부드럽게 잡아당긴다.
④ 아동은 설압자를 놓치지 않도록 물고 있어야 한다.

설압자를 아동의 치아 사이에 놓고
치료사의 양쪽 집게손가락으로 설압자를 당기기

임상노트

- 아동의 수준에 따라 치료사가 주는 힘을 조절할 수 있다.
  - 약하게(손가락 하나 사용) / 중간(손가락 두 개 사용) / 강하게(손가락 세 개 사용)

♫ 턱을 고정하고 혀 움직이기

목표 ● 턱을 고정한 상태에서 혀를 독립적으로 움직인다.

준비물 ● 좁은 설압자, 음절 카드, 거울

① 치료사는 아동의 왼쪽 어금니 사이에 좁은 설압자를 세워 놓고, 아동에게 설압자를 가볍게 물라고 한다.

② 설압자를 문 상태에서 /라, 라, 라/ 유음이 포함된 음절을 말하게 한다.

③ 이때 설압자가 움직인다면, 거울을 보여 주어 설압자가 움직이지 않게 한다.

설압자를 어금니 사이에 가볍게 물기

설압자를 문 상태에서 유음 발음하기

♫ 턱 운동 노래

목표 ● 노래와 율동을 통하여 턱 운동을 연습한다.

■ '턱 운동 노래'를 부른다.

턱 운동 노래

원곡: 오리는 꽥꽥

■ '턱 운동 노래' 에 다음의 두 동작을 연결시킨다.

왼손을 아래, 오른손을 위에 붙였다가
위 아래로 떼기 /아/

두 손을 떼어 있다가
손바닥을 서로 모으기 /아/

2. 입술 운동

♫ 입술로 단추 물고 있기

목표	● 입술 다물기 근육을 강화한다.
준비물	● 치실, 단추(크기별)

① 치실로 단추를 묶는다.
② 단추는 입술과 치아 사이에 세워 놓는다.
③ 아동이 입술로 단추를 물고 있는 동안, 치료사는 아동이 단추를 물고 있을 수 있을 정도의 힘을 주어 당긴다.
④ 이 활동을 10회 반복한다.

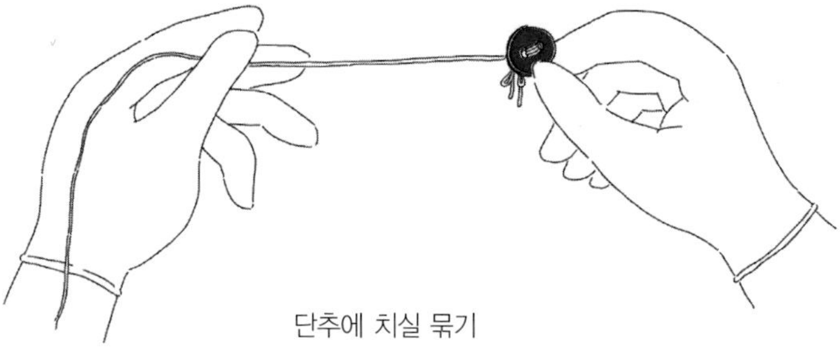

단추에 치실 묶기

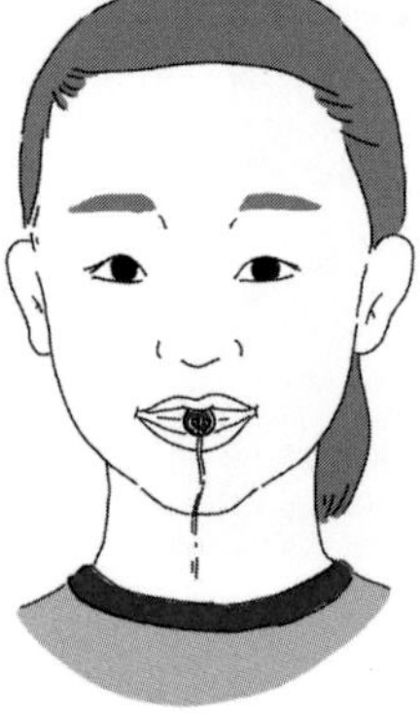

입술로 단추 물기

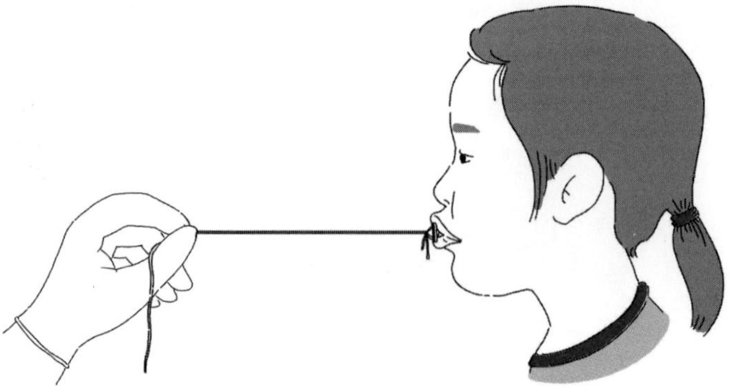

단추 당기기

임상노트

• 난이도를 증가시키기 위해서 단추의 크기를 점점 더 작게 한다.

♫ 아랫입술 말기와 윗입술 들기

목표	● 입술의 긴장을 강화시킨다.
준비물	● 거울

◆ 아랫입술 말기

① 아동이 입술을 다물고 이완한 상태에서 시작하게 한다.

② 치료사 집게 손가락을 아동의 아랫입술과 턱 사이에 움푹 들어간 곳에 수평으로 놓는다.

③ 아동에게 당신의 손가락이 닿은 지점에서 아랫입술을 치아 안쪽으로 말아 넣는다.

④ 아동이 자신의 턱을 느끼게 하고, 근육들이 어떻게 당겨지고 움푹 들어가는지를 거울을 보게 한다.

◆ 윗입술 들기

① 아동이 아랫입술 말기를 계속 유지하고 있는 동안, 윗입술을 들어 올려 위쪽 치아를 보이게 하도록 시킨다.

② 윗입술이 들어 올려져 사각 모양이 되게 한다.

③ 이 훈련은 결과적으로 /ㄹ/ 음을 산출하는 데 필요한 긴장을 가져온다.

④ 이 훈련은 5회 실시한다.

임상노트

• 이 훈련을 제대로 실시한다면 매우 피로한 훈련이므로 회기 사이에 충분한 휴식이 필요하다.

♫ 입술 오므리기 노래

목표 ● 노래와 율동을 통하여 입술 오므리기를 연습한다.

준비물 ● 스티커, 손인형

■ '입술 오므리기 노래 1'을 부른다.

입술 오므리기 노래 1

원곡: 똑같아요

■ '입술 오므리기 노래 2'를 부른다.

입술 오므리기 노래 2

원곡: 오리는 꽥꽥

■ '입술 오므리기 노래 2'에 다음의 두 동작을 연결시킨다.

양쪽 검지손가락을
앞으로 향하게 하기 /우/

양쪽 엄지손가락을
어깨 너머로 향하게 하기 /이/

3. 혀 운동

♫ 혀끝으로 설압자 밀기

목표 ● 혀끝의 힘을 강하게 한다.

준비물 ● 설압자

◆ 다문 입술 사이로 혀 내밀기

① 아동에게 입술을 다물게 하고, 입술 앞에 설압자를 댄다.

② 아동에게 입술 사이로 혀를 내밀어 설압자를 바깥쪽으로 밀어내게 한다.

③ 아동이 혀를 완전히 내밀 수 있을 만큼 충분히 입을 벌렸는지 확인한 후, 설압자로 혀를 살짝 민다.

④ 아동의 혀가 눌리거나 접힌다면, 누르는 힘을 약하게 한다.

⑤ 혀로 미는 힘이 증가하면 설압자를 더 세게 누른다.

⑥ 이 활동을 5회 실시한다.

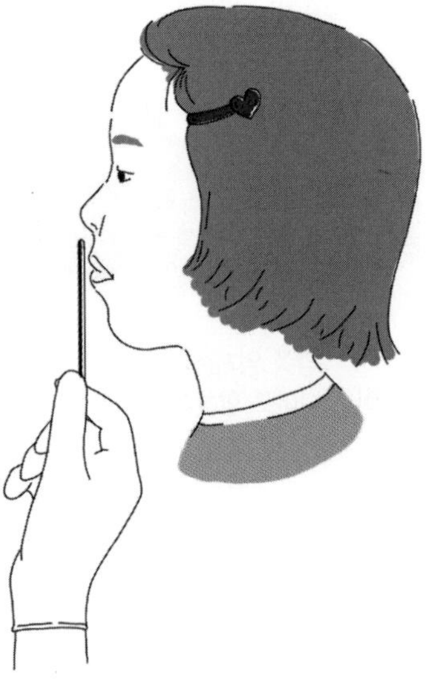

설압자를 입 앞에 두기

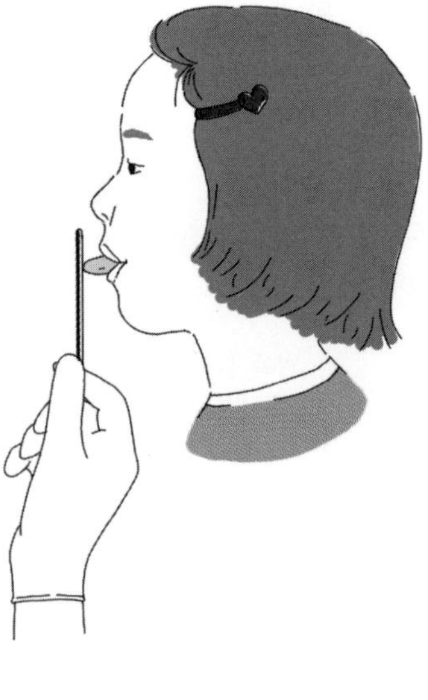

혀를 내밀어 설압자 밀기

♫ 혀끝으로 막대 모양 과자 핥기

목표 ● 혀끝의 힘을 강하게 한다.

준비물 ● 막대 모양 과자, 잼

① 막대 모양 과자 한쪽 면에 잼을 바른다.
② 막대 모양 과자를 아동의 입 앞에 둔다.
③ 아동에게 혀를 내밀어 막대 모양 과자에 묻은 잼을 핥아 먹게 한다.
④ 이 활동을 5회 실시한다.

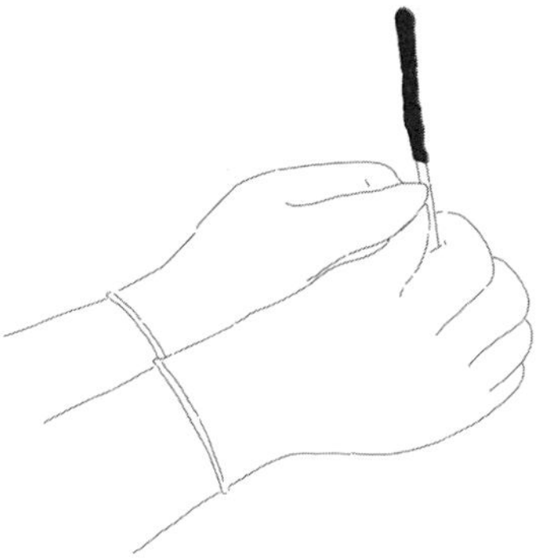

막대 모양 과자에 잼을 바르기

혀끝으로 잼을 핥아 먹기

임상노트

• 혀가 움직일 때 머리가 따라 움직이지 않게 한다.

♫ 혀끝 말아 올리기

목표	● 혀끝을 말아 올린다.
준비물	● 일회용 치실, 커피 젓개

◆ 치실 말아 올리기

① 아동의 입 앞에 일회용 치실을 두고 아동에게 혀끝을 일회용 치실 사이에 끼우도록 시킨다.

② 아동에게 혀끝으로 치실을 감아올리게 한다.

③ 치료사가 일회용 치실의 손잡이를 잡아당기면 아동은 일회용 치실이 빠지지 않도록 혀에 힘을 주어 당긴다.

④ 이때 치료사는 일회용 치실을 놓치지 않게 주의한다.

⑤ 이 활동을 5회 실시한다.

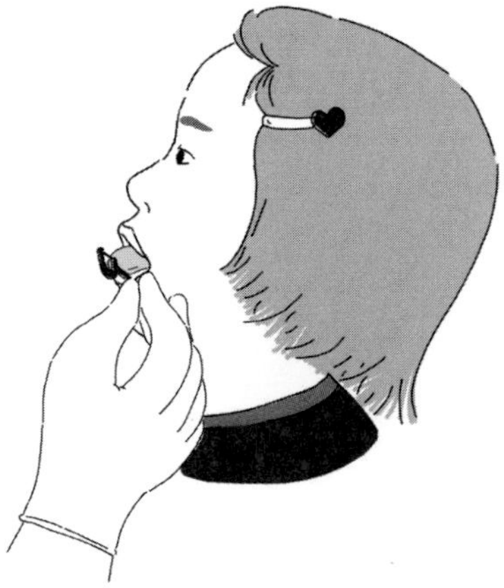

입 앞에 일회용 치실 두기

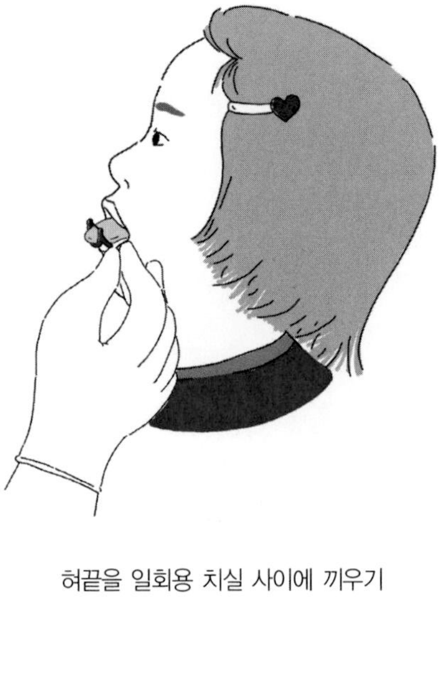

혀끝을 일회용 치실 사이에 끼우기

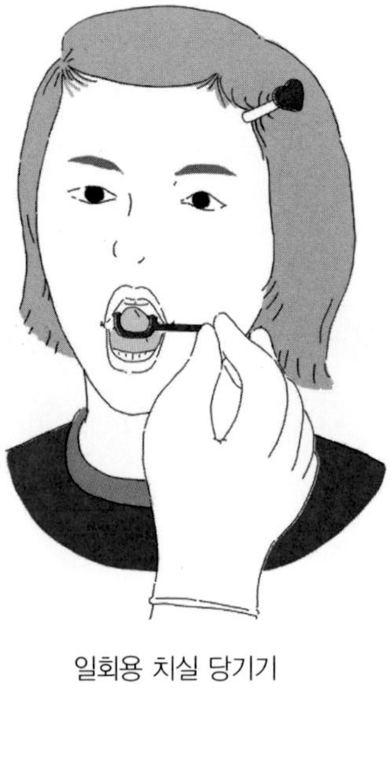

일회용 치실 당기기

◆ **커피 젓개 말아 올리기**

① 아동에게 입을 벌리라고 한다.

② 커피 젓개를 가로로 하여 입술의 양쪽 끝에 올려 둔다.

③ 커피 젓개의 양쪽 끝을 잡은 채, 아동이 혀로 커피 젓개를 말도록 한다.

④ 그 자세를 몇 초 동안 유지하게 한다.

3초 → 5초 → 7초 → 10초

⑤ 이때 아동의 입은 벌려져 있어야 한다.

⑥ 이 활동을 5회 실시한다.

커피 젓개를 가로로 혀 위에 올려 두기

허끝으로 커피 젓개를 말아 올리기

커피 젓개의 양쪽 끝을 당기기

♫ 혀 차기

목표
- 혀를 치조에 대고 치조음과 유사한 소리를 낸다.
- 혀를 경구개에 대고 경구개음과 유사한 소리를 낸다.

◆ 혀 차는 소리 내기 1

① 아동에게 혀끝을 '휴식 지점(치조 부분)'에 두도록 한다.

② 아동에게 입천장을 따라 혀를 뒤로 끌어 당겨 혀 차는 소리(시계소리를 흉내 낼 때 내는 소리 '똑딱똑딱' 과 같이)를 만들도록 한다.

③ 이 활동을 5~10회 실시한다.

◆ 혀 차는 소리 내기 2

① 아동에게 혀끝을 '휴식 지점(치조 부분)'에 두도록 한다.

② 아동에게 입천장을 따라 혀를 뒤로 끌어 당겨 혀 차는 소리(어른이 못마땅할 때 내는 소리 '쯧쯧쯧' 과 같이)를 만들도록 한다.

③ 이 활동을 5~10회 실시한다.

임상노트

- 만약 아동의 턱이 위아래로 움직인다면, 아동의 한쪽 어금니 사이에 좁은 설압자를 평평하게 물도록 하여 턱을 안정시킨 상태에서 훈련한다.

♫ 혀끝으로 입천장 핥기

목표
- 혀끝을 치조에 대고 앞뒤로 움직인다.
- 좁은 설압자, 잼

① 좁은 설압자를 이용하여, 아동의 치조에 잼을 조금 바른다.

② 아동에게 혀를 앞뒤로 움직여 잼을 핥게 한다.

치조에 잼 바르기

혀를 움직여 잼 핥기

임상노트

• 잼은 크림 치즈나 생크림 등 유사한 재질의 다른 음식으로 대체할 수 있다.

♫ 빨대로 젤리 빨아 먹기

목표 ● 빨기 활동을 하며 혀를 후방화한다.

준비물 ● 부드러운 젤리, 종이접시, 다양한 굵기와 길이의 빨대

① 젤리를 종이 접시에 조금 담아 준비한다.
② 아동에게 빨대를 물고 젤리가 없어질 때까지 빨도록 한다.
③ 짧고 넓은 빨대 크기부터 시작해서 길고 좁은 빨대 크기를 사용하여 점차 과제의 난이도를 높인다.

빨대로 젤리 빨기

♫ 여러 가지 피리 불기

목표 ● 불기 활동을 하며 입술 오므리기를 한다.

준비물 ● 트럼펫 호루라기, 마술 실 피리

◆ 트럼펫 호루라기 불기

① 트럼펫 호루라기를 아동의 입술 사이에 놓고 아동에게 3회 불게 한다.

② 트럼펫 호루라기는 입술을 조그맣고 단단하게 오므려야 공기가 세게 나오면서 소리가 난다.

③ 빰이 부풀려지면 입술을 더 단단하게 물고 공기를 더 들여 마시게 한다.

트럼펫 호루라기 불기

임상노트

- 이 훈련은 입술 근육의 긴장유지, 복식호흡, 혀의 후방화를 필요로 한다.
- 아동이 피리를 불 때 배를 밀어주면 도움이 된다. 치료사의 손을 아동의 손 위에 얹고 배를 미는 것을 도와 준다.
- 볼이 부풀려진다면 아동에게 입술을 더 세게 밀착시키게 한다.

◆ 마술 실 피리 불기

① 아동의 입술 사이에 마술 실 피리를 놓는다.

② 마술 실 피리를 3~5초 동안 길게 불어 실이 빙글빙글 돌도록 불게 한다.

③ 각 방향으로 마술 실 피리를 돌려 실을 다양한 방향으로 돌린다.

아래쪽 → 오른쪽 → 위쪽 → 왼쪽

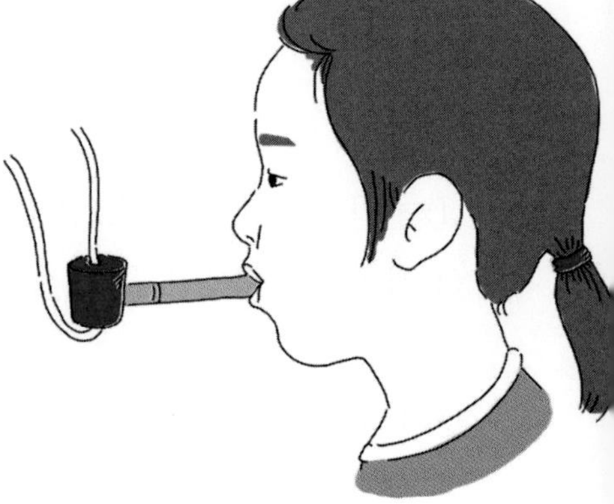

마술 실 피리 불기

♫ 혀 측면으로 어금니쪽 스펀지 막대 누르기

목표 ● 혀의 측면을 어금니쪽으로 올린다.

준비물 ● 스펀지 막대

① 아동에게 '내가 두드리는 쪽에 혀를 닿게 하세요. 스펀지 막대를 위쪽 어금니에 둘 거에요.' 라고 말한다.
② 아동에게 혀를 올려서 혀의 옆면으로 스펀지 막대를 누르게 한다.
③ 좌우 각각 5회씩 누르기를 반복한다.

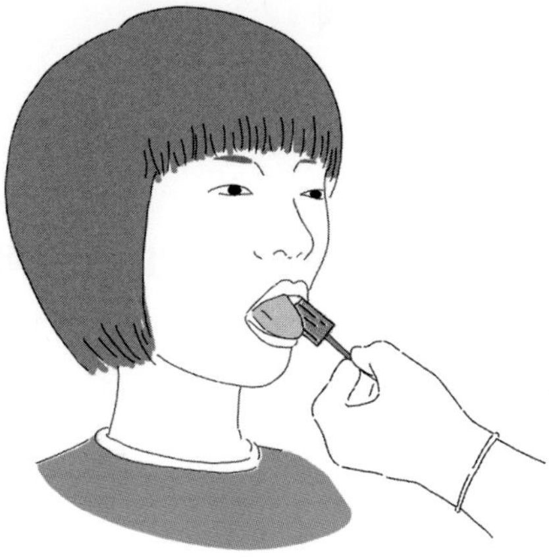
혀의 측면으로 스펀지 막대 누르기

♫ 혀 오목하게 하기

목표 ● 혀의 가장자리를 들어 올린다.

준비물 ● 좁은 설압자, 거울

◆ 설압자로 혀 오목하게 하기

① 아동에게 입을 벌린 다음, 혀에 힘을 빼고 아랫입술 위에 놓게 한다.
② 좁은 설압자의 끝으로 혀의 중앙선을 따라 앞쪽에서 뒤쪽으로 쓸어 준다.
③ 아동에게 혀의 측면을 올려 혀를 오목하게 만들게 하고, 거울을 보게 한다.
④ 이 훈련을 3회 실시한다.

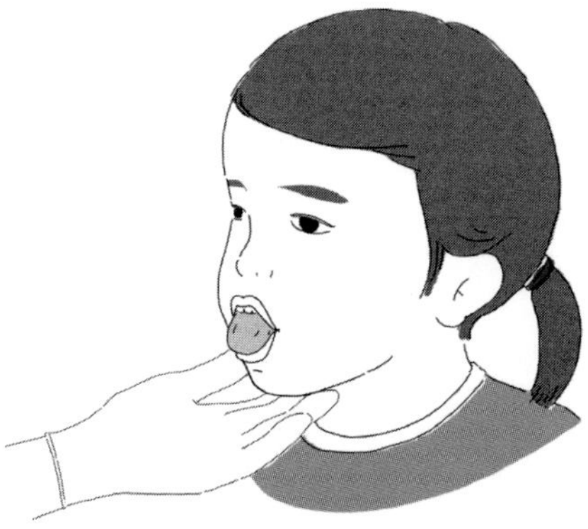
혀를 아랫입술 위에 놓기

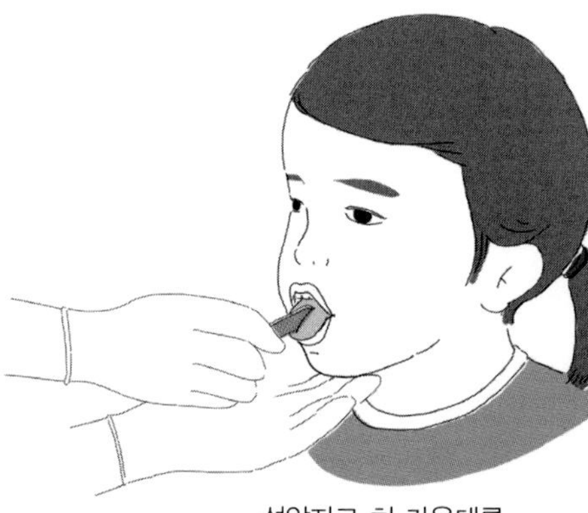
설압자로 혀 가운데를
눌러 혀를 오목하게 만들기

임상노트

• 설압자로 혀를 자극할 때 구토 반사가 일어나지 않도록 유의한다.

◆ **설압자 없이 혀 오목하게 하기**

① 아동에게 좁은 설압자 없이 스스로 혀를 오목하게 만들게 한다.

② 오목한 혀 위에 고리 모양의 과자를 올려서 5초 동안 유지하게 한다.

③ 아동이 스스로 할 수 있도록 연습한다.

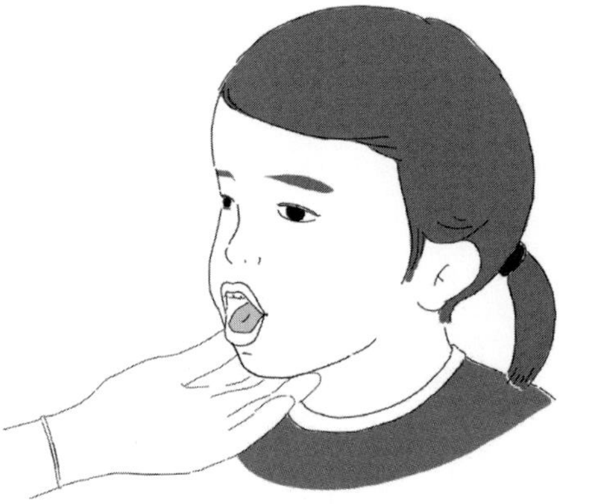

설압자 없이 혀 오목하게 하기

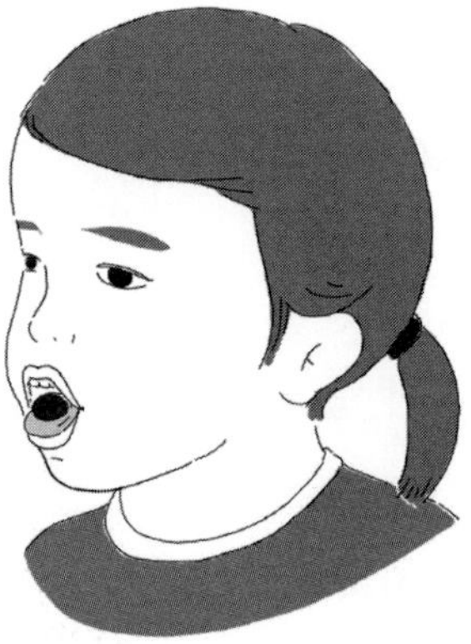

혀 위에 과자를 올려 놓고 유지하기

◆ **입술로 설압자 물고 있기**

① 아동에게 입술로 설압자 한쪽 끝을 물게 하고 다른 한쪽은 치료사가 잡는다.

② 아동이 입술로 설압자를 물고 있는 동안 치료사는 설압자를 위아래로 움직인다.

③ 이 활동을 5회 실시한다.

♫ 물을 입안에 머금고 있기

목표 ● 혀를 오목하게 하여 유지한다.

준비물 ● 물, 컵, 종이 타올

① 아동은 혀 위에 물을 매우 조금 머금는다.
② 혀 차기를 할 때처럼 아동에게 입천장으로 혀를 올리게 하여 물을 입안에 가둔다.
③ 아동의 혀끝은 치조에 두고 혀 측면은 위 어금니의 안쪽 측면과 맞붙여 틈새를 막는다.
④ 아동은 혀 안에 있는 물이 흐르지 않도록 하면서 입을 크게 벌려 3~5초 동안 유지한다.
⑤ 다른 종이컵에 물을 뱉도록 하여 아동이 물을 잘 가두었는지 삼켰는지를 확인한다.

♫ 혀 운동 노래

목표 ● 노래와 율동을 통하여 혀 운동을 한다.

■ '혀 운동 노래'를 부른다.

■ 혀 운동 노래의 1절은 혀의 전후 운동, 2절은 혀의 상하 운동, 3절은 혀의 좌우 운동에 대한 활동이다.

혀 운동 노래

원곡: 짝짜꿍

4. 음소 훈련 및 마무리

♫ 설측음 노래

목표	● 노래와 율동을 통하여 설측음을 훈련한다.

■ '설측음 노래'를 부른다.

설측음 노래

원곡: 통통통통

♫ 탄설음 노래

목표 ● 노래와 율동을 통하여 탄설음을 훈련한다.

■ '탄설음 노래'를 부른다.

탄설음 노래

원곡: 리리리 자로

부 록

1. 조음기관 운동 프로그램에 사용되는 도구 모음
2. 조음기관 운동 체크리스트
3. 턱, 입술, 혀 협응을 위한 노래

부록 1 조음기관 운동 프로그램에 사용되는 도구 모음

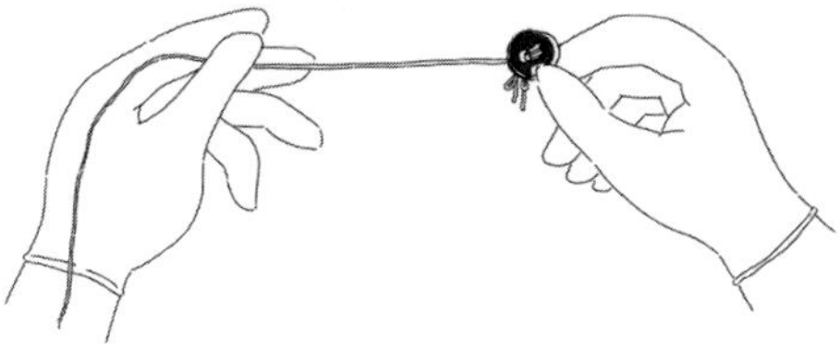

단추

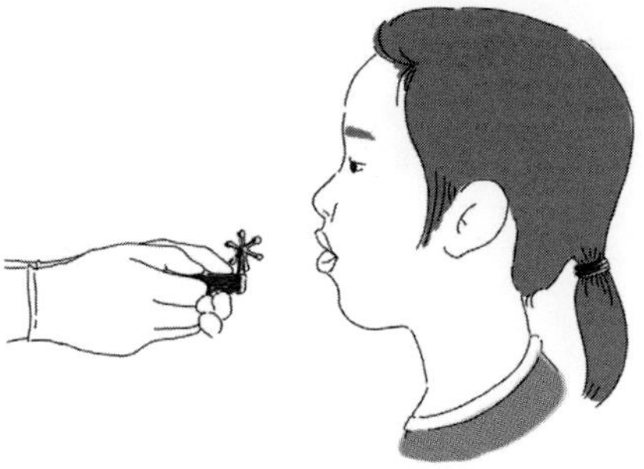

풍차 호루라기

끝이 납작한 피리

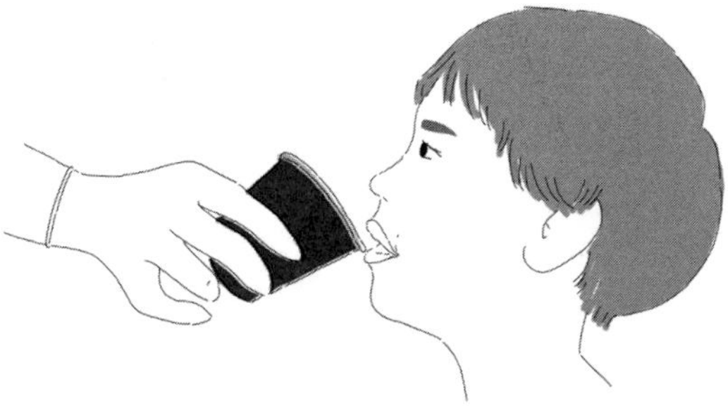

물컵

마술 피리

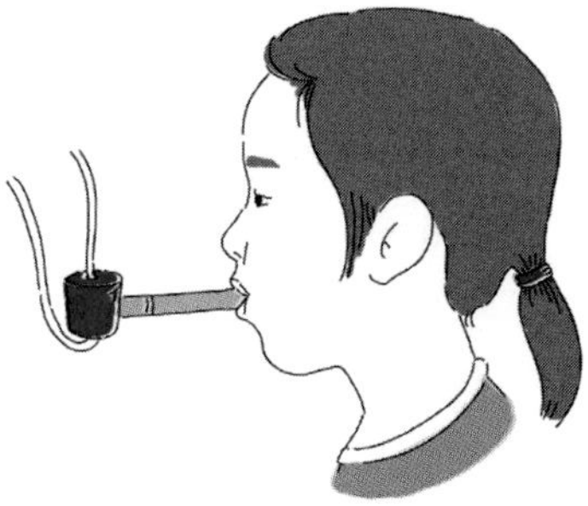

마술 실 피리

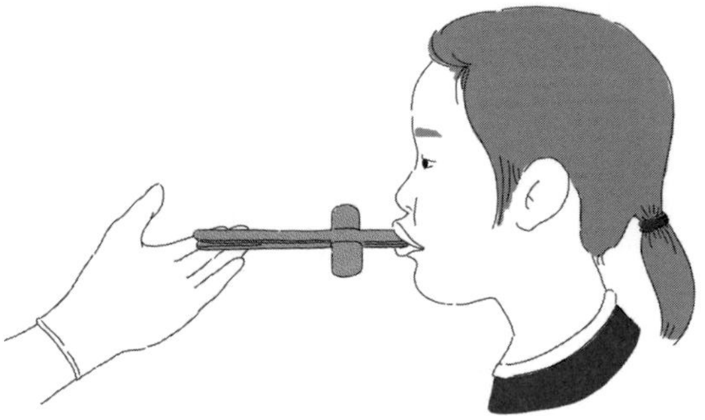

비행기 설압자

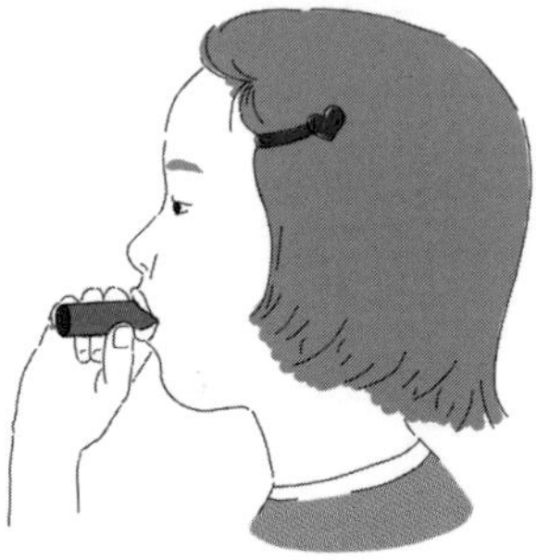

사이렌 호루라기

설압자

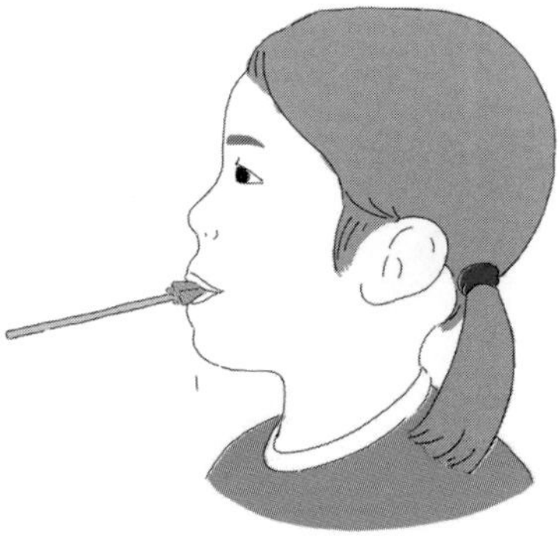

스펀지 막대

트럼펫 호루라기

카주

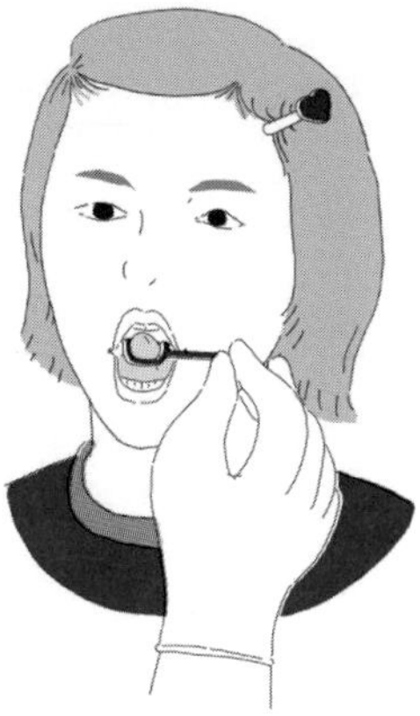

일회용 치실

풍선

부록 2 조음기관 운동 체크리스트

아동명: ________ 사전 검사일: 년 월 일 사후 검사일: 년 월 일

1. 말 산출을 위한 기본 자세

번호	관찰내용	사전	사후
1.1	양발이 바닥에 붙어 있다	○ S ×	○ S ×
1.2	양팔이 몸통에 붙어 있다	○ S ×	○ S ×
1.3	몸통이 바르게 정렬되어 있다	○ S ×	○ S ×
1.4	어깨가 바르게 정렬되어 있다	○ S ×	○ S ×
1.5	머리가 바르게 정렬되어 있다	○ S ×	○ S ×
소계		/5	/5

2. 턱

번호	관찰내용	사전	사후
2.1	정중앙에 위치하고 있다	○ S ×	○ S ×
2.2	/아/를 조음할 때 얼굴은 정면으로 향하고 턱이 아래로 내려가 있다	○ S ×	○ S ×
2.3	/라/를 반복할 때 혀가 보이고 턱이 아래로 내려가 있다	○ S ×	○ S ×
2.4	턱을 좌우로 움직일 때 혀가 보인다	○ S ×	○ S ×
소계		/4	/4

3. 입 술

번호	관찰내용	사전	사후
3.1	평상시 입술을 다물고 있다	○ S ×	○ S ×
3.2	씹기를 하는 동안 입술이 다물어진다	○ S ×	○ S ×
3.3	/i/ 조음 동안 입술 끝이 양옆으로 당겨진다	○ S ×	○ S ×
3.4	/u/ 조음 동안 입술이 둥글게 된다	○ S ×	○ S ×
3.5	/퍼/를 빠르게 반복할 수 있다	○ S ×	○ S ×
소계		/5	/5

4. 혀

번호	관찰내용	사전	사후
4.1	평상시 혀가 입 안에 위치하고 있다	○ S ×	○ S ×
4.2	혀를 내밀어 좌우로 움직일 수 있다	○ S ×	○ S ×
4.3	입안에서 혀를 좌우로 움직일 수 있다	○ S ×	○ S ×
4.4	혀끝을 올릴 수 있다	○ S ×	○ S ×
4.5	/터/를 말할 때 혀끝을 올릴 수 있다	○ S ×	○ S ×

4.6	/터/를 빠르게 반복할 수 있다	○ S ×	○ S ×
4.7	혀등을 올릴 수 있다	○ S ×	○ S ×
4.8	/커/를 말할 때 혀등을 올릴 수 있다	○ S ×	○ S ×
4.9	/커/를 빠르게 반복할 수 있다	○ S ×	○ S ×
4.10	/퍼, 터, 커/를 빠르게 반복할 수 있다	○ S ×	○ S ×
소계		/10	/10

5. 요 약

영역	사전			사후		
	○	S	×	○	S	×
자세(5)						
턱(4)						
입술(5)						
혀(10)						
합계(24)						

○	수행 가능함
S	자극, 또는 단서 제공 시 수행 가능함
×	수행 불가능함

부록 3 턱, 입술, 혀 협응을 위한 노래

♫ 턱과 입술 노래

목표 ● 노래와 율동을 통하여 턱과 입술을 협응하여 움직인다.

■ '턱과 입술 노래'를 부른다.

■ '턱과 입술 노래' 의 1절과 2절은 한 동작씩 연습하고, 3절은 두 동작씩 함께 묶어서 연습하며, 4절은 네 동작을 함께 연습하도록 한다.

턱과 입술 노래

원곡: 오리는 꽥꽥

■ '턱과 입술 노래' 를 배운 후 네 가지 동작을 노래에 연결시킨다.

양쪽 검지 손가락을 앞으로 향하게 하기 /우/

양쪽 엄지손가락을 어깨 너머로 향하게 하기 /이/

왼손을 아래, 오른손을 위에 붙였다가
위 아래로 떼기 /아/

두 손을 떼어 있다가 그림과 같이
손바닥을 서로 모으기 /음/

임상노트

- 치료사는 /우, 이, 아, 음/ 소리 산출에 필요한 턱과 입술의 임직임을 정확하게 제시한다.
- 각 음절을 말할 때 입술의 움직임을 과장되게 한다.
- 모든 음절을 한 박자에 한 음절씩, 리듬감 있게 말한다.
- 각 음절을 말할 때 재미있는 손동작을 함께 사용한다.

♫ 입술과 혀 노래

목표 ● 노래와 율동을 통하여 입술과 혀를 협응하여 움직일 수 있다.

■ '입술과 혀 노래'를 부른다.

입술과 혀 노래

원곡: 오리는 꽥꽥

참고문헌

박정식, 배진애 역(2010). 말-언어장애 아동을 위한 호흡 · 조음 · 발성치료. 서울: 학지사.

박혜성(2011). 조음장애 아동과 마비 말장애의 치료 및 지도. 서울: 군자출판사.

배주채(2013). 한국어의 발음. 서울: 삼경문화사.

이진호(2012). 한국어의 표준 발음과 현실 발음. 서울: 아카넷.

장혜성, 김영란, 한정주 역(2008). 말 명료도 향상을 위한 구강-운동 훈련 프로그램: 가정 학습용. 서울: 굿에듀.

Bowen, C. (2006). What is the evidence for oral motor therapy? *Speech, Language, and Hearing Therapy, 7*, 144–147. http://www.speech-language-therapy.com.

Bunton, K. (2008). Speech versus nonspeech: Different tasks, different neural organization. *Seminars in Speech and Language, 29*(4), 267–275.

Clark, H. (2008). The role of strength˝training in speech sound disorders. *Seminars in Speech and Language, 29*(4), 276–283.

Clark, H., O' Brien, K., Calleja, A., & Corrie, S. (2009). Effects of directional exercise on lingual strength. *Journal of Speech, Language and Hearing Research, 52*, 1034–1047.

Duffy, J. (2005). *Motor Speech Disorders: Substrates, differential diagnosis, and management* (2nd ed.). St. Louis: Mosby.

Edward, H. T. (1992). *Applied Phonetics.* San Diego: Sigular Publishing Group, Inc.

Forrest, K., & Iuzzini, J. (2008). A comparison of oral motor and production training for children with speech sound disorders. *Seminars in Speech and Language, 29*(4), 304–311.

Gangle, D. C. (1993). *The source for oral-facial exercises.* IL: Lingui Systems, Inc.

Hayes, S. (2006). *Comparison of an oral motor treatment and traditional articulation treatment in children.* Unpublished doctoral dissertation, Nova Southeastern University,

Ft. Lauderdale, FL.

Johnson, S. R. (2001). *Oral-motor exercises for speech clarity*. Ravenhawk Books.

Morris, S. E., & Klein, M. D. (2000). *Pre-feeding skills: A comprehensive resource for mealtime development* (2nd ed.). Tucson: Pro-Ed.

Palmer, M. (1993). Neonatal Oral-Motor Assessment Scale: a reliability study. *Journal of perinatology, 13*(1), 28-35.

Reilly, S., Skuse, D., & Wolke, D. (2000). *Schedule for Oral Motor Assessment (SOMA)*. London, England: Whurr.

Seikel, J. A., King, W. D., & Drumright, D. G. (2010). *Anatomy & Physiology for Speech, Language, and Hearing*. NY: Delmar, Cengage Learning.

저자 소개

김효정(Kim Hyojung)
순천제일대학교 언어재활과 교수
E-mail newkimhj@hanmail.net

김문정(Kim Moonjung)
엘림아동발달센터 센터장
E-mail wjsehwk@hanmail.net

한지연(Han Jiyeon)
대구사이버대학교 언어치료학과 교수
E-mail han@dcu.ac.kr

신명선(Shin Myungsun)
부산가톨릭대학교 언어청각치료학과 교수
E-mail sms@cup.ac.kr

노래와 함께하는

조음기관 운동 프로그램

Oral-Motor Exercises Program with Song & Play

2015년 1월 15일 1판 1쇄 발행
2024년 9월 25일 1판 9쇄 발행

지은이 • 김효정 · 김문정 · 한지연 · 신명선

펴낸이 • 김 진 환
펴낸곳 • (주) 학지사
04031 서울특별시 마포구 양화로 15길 20 마인드월드빌딩 5층
대표전화 • 02) 330-5114 팩스 • 02) 324-2345
등록번호 • 제313-2006-000265호
홈페이지 • http://www.hakjisa.co.kr
인스타그램 • https://www.instagram.com/hakjisabook

ISBN 978-89-997-0567-0 93370

정가 16,000원